中华成语典故

卷一

李楠 编译

图书在版编目（CIP）数据

中华成语典故/李楠编译. — 北京：北京工艺美术出版社，2019.7（2023.8重印）
（品读经典：双色线装）
ISBN 978-7-5140-1611-6

Ⅰ.①中… Ⅱ.①李… Ⅲ.①汉语－成语－典故 Ⅳ.①H136.31

中国版本图书馆CIP数据核字（2018）第212410号

出 版 人：陈高潮
责任编辑：张怀林 赵 微
装帧设计：书心瞬意
责任印制：王 卓
法律顾问：北京恒理律师事务所 丁 玲 张馨瑜

中华成语典故
ZHONGHUA CHENGYU DIANGU
李楠 编译

出　　版　北京工艺美术出版社
发　　行　北京美联京工图书有限公司
地　　址　北京市西城区北三环中路6号
　　　　　京版大厦B座702室
邮　　编　100124
电　　话　（010）58572763（总编室）
　　　　　（010）58572878（编辑室）
　　　　　（010）64280045（发 行）
传　　真　（010）64280045/58572763
网　　址　www.gmcbs.cn
经　　销　全国新华书店
印　　刷　唐山楠萍印务有限公司
开　　本　889毫米×1194毫米 1/16
印　　张　40
版　　次　2019年7月第1版
印　　次　2023年8月第2次印刷
印　　数　3001~6000
书　　号　ISBN 978-7-5140-1611-6
定　　价　380.00元（全四卷）

前言

成语浓缩了中华文化博大精深的语言智慧，蕴藏着深厚的文化底蕴，是中华民族语言文化中的一朵奇葩。在文字表达中，恰当地运用成语，能起到画龙点睛的作用，这也是汉语独具的特色，其他语言实难相比。

那究竟成语的含义是指什么呢？语言学上的解释为：成语是指汉语语言中经过长期使用、锤炼而形成的固定短语，是比词大而语法功能又相当于词的语法单位，绝大部分由四个字组成。

成语，作为中华民族几千年文化积累而成的语言精华，并不是凭空产生的，每条成语的产生都有一个背景故事，它或是一段历史、一个传奇，或是一首诗歌、一种哲理，等等，古老的历史在深厚的中华文化土壤中发芽结果，逐渐演变，成为成语的渊源。正因为中国是一个有着悠久历史的文明古国，具有数千年的文化积淀，这些彰显中华文化独特价值的成语词汇也经历了成百上千年的流传，直至最后定型。要全面而深刻地了解成语、读懂成语、掌握成语，必须寻根溯源。只有掌握了这些成语从产生、发展到定型的脉络，才能深刻理解它的含义，真正体会中华语言文化的魅力和价值。

为了帮助读者更好地学习和掌握成语，我们从浩如烟海的历史典故中精选了那些具有历史性、故事性、艺术性、哲理性、趣味性和时代性的成语词条，加以精心整理。全书在每个成语词条下，分别以『成语释义』、『典故出处』和『成语故事』三个版块，由浅入深、形象生动地对每条成语进行了详细的解析，从而形成了这本《中华成语典故》。全书力求内容更加广泛，解释更加准确，故事更加精彩，让您一册在手，即可纵览成语故事的全貌。

阅读此书，你可以了解成语来源于民间的传说、神话、史实、古代辞赋、诗词、文化典籍；你可以品味成语言有尽而意无穷的语言特色；你可以思考成语深刻的寓意，从而感悟古人为人处世的智慧。

总之，《中华成语典故》一书，集知识性、可读性和完整性于一体，将历史的瞬间展现于读者的眼前，使读者在品读成语故事的同时，充分享受到阅读的乐趣。

目录

卷一

一画

一钱不值 一
一家之言 二
一日千里 四
一鼓作气 六
一筹莫展 七
一叶障目 八
一挥而就 九
一落千丈 一〇
一日三秋 一一
一诺千金 一二
一事无成 一四
一网打尽 一五
一往情深 一六
一窍不通 一七
一厢情愿 一八
一知半解 一九
一丝不苟 二〇
一败涂地 二一
一言九鼎 二二
一夫当关，万夫莫开 二四
一不做，二不休 二五

二画

七步之才 二六
人弃我取 二七
人言可畏 二八
人非圣贤，孰能无过 二九
入室操戈 三〇
入木三分 三一
九牛一毛 三三

力不从心 三四
八面威风 三五
八仙过海 三六

三画

三令五申 三七
三人成虎 三九
三顾茅庐 四〇
三思而行 四一
三省吾身 四二
三十六计，走为上计 四三
大失所望 四四
大逆不道 四五
大笔如椽 四七
大器晚成 四八
大放厥词 四九
大喜过望 五〇
大腹便便 五一
大公无私 五三
门庭若市 五四
门可罗雀 五六
千金买骨 五七
千载难逢 五八
千变万化 五九
千里送鹅毛 六〇
千锤百炼 六一
才高八斗 六三
万紫千红 六五
万籁俱寂 六六
万无一失 六七
万寿无疆 六八
万死不辞 六九
口若悬河 七一
口蜜腹剑 七二

飞扬跋扈 七四
飞蛾扑火 七五
飞短流长 七六
飞黄腾达 七七
与虎谋皮 七九
小心翼翼 八〇
小题大做 八〇
亡羊补牢 八二
山雨欲来风满楼 八三

四画

历历在目 八五
为人说项 八七
为富不仁 八八
为人作嫁 八九
为虎作伥 九〇
专心致志 九一
公正无私 九二
日薄西山 九三
日暮途穷 九四
心腹之患 九六
心旷神怡 九七
开卷有益 九八
双管齐下 一〇〇
火中取栗 一〇一
风声鹤唳 一〇一
风起云涌 一〇三
风调雨顺 一〇四
风烛残年 一〇六
手足之情 一〇七
中饱私囊 一〇八
车载斗量 一〇九
车水马龙 一一〇
井底之蛙 一一二

分道扬镳 一一三
见利忘义 一一四
从长计议 一一五
以身试法 一一七
以暴易暴 一一八
以卵击石 一一九
以貌取人 一二〇
文质彬彬 一二一
乌合之众 一二三
长驱直入 一二三
升堂入室 一二四
无功受禄 一二四
无可奈何 一二五
天作之合 一二六
天诛地灭 一二八
天经地义 一二九
天罗地网 一三〇
天花乱坠 一三一
天涯海角 一三二
天翻地覆 一三三
天衣无缝 一三四
天荒地老 一三五
天伦之乐 一三七

卷二

天旋地转 一三九
不伦不类 一四〇
不知所措 一四二
不遗余力 一四三
不拘一格 一四四
不知所云 一四六
不亢不卑 一四七
不学无术 一四八
不寒而栗 一四九

不入虎穴，焉得虎子 一五〇
不翼而飞 一五二
不动声色 一五三
不越雷池一步 一五四
水落石出 一五五
水深火热 一五七
水滴石穿 一五八
无人问津 一五九
见怪不怪 一六〇
见物思迁 一六一
太岁头上动土 一六二
少见多怪 一六二

五画

包藏祸心 一六三
扑朔迷离 一六四
巧取豪夺 一六六
瓜田李下 一六七
半途而废 一六八
正襟危坐 一七〇
叱咤风云 一七一
乐极生悲 一七三
乐此不疲 一七四
乐不思蜀 一七六
付之一炬 一七七
去伪存真 一七九
四面楚歌 一八〇
四海之内皆兄弟 一八二
四分五裂 一八二
四体不勤，五谷不分 一八三
四海为家 一八五
对酒当歌 一八六
白驹过隙 一八八
白云苍狗 一八八

石破天惊 一八九
甘拜下风 一九一
发人深省 一九二
左右逢源 一九三
目不识丁 一九四
目无全牛 一九五
生死存亡 一九六
生吞活剥 一九七
生灵涂炭 一九八
出其不意 二〇〇
出尔反尔 二〇一
出类拔萃 二〇二
叹为观止 二〇四
东山再起 二〇五
打草惊蛇 二〇七
外强中干 二〇七
永垂不朽 二〇九
对症下药 二〇九
可望而不可即 二一〇
对牛弹琴 二一一
未雨绸缪 二一二
必恭必敬 二一三
厉兵秣马 二一五
六画
夸父逐日 二一六
师出无名 二一九
同心同德 二二〇
同心协力 二二一
交头接耳 二二二
守株待兔 二二三
岌岌可危 二二四
如鱼得水 二二五
如坐针毡 二二七

如泣如诉 二二七
百战百胜 二二九
百步穿杨 二三〇
百川归海 二三一
百感交集 二三二
百折不挠 二三三
百尺竿头，更进一步 二三五
尽善尽美 二三五
夙兴夜寐 二三七
安居乐业 二三八
安然无恙 二三九
华而不实 二四〇
众叛亲离 二四一
妄自菲薄 二四二
妄自尊大 二四三
论功行赏 二四四
多多益善 二四五
伤风败俗 二四六
扬眉吐气 二四七
各得其所 二四八
衣冠楚楚 二五〇
机不可失 二五一
妇人之仁 二五二
决一雌雄 二五三
老马识途 二五四
老生常谈 二五五
汗流浃背 二五六
自以为是 二五七
自相矛盾 二五九
自知之明 二六〇
自惭形秽 二六一
任劳任怨 二六一
当头棒喝 二六二
因地制宜 二六三

约法三章　二六四
争先恐后　二六五
先发制人　二六六
先斩后奏　二六八
有名无实　二六九
有则改之，无则加勉　二七〇
讳疾忌医　二七一
名落孙山　二七二
死灰复燃　二七三
死有余辜　二七四

七画

坐山观虎斗　二七五
坐怀不乱　二七六
坐享其成　二七七
近水楼台　二七八
轩然大波　二七九
身败名裂　二八〇
鸡犬升天　二八二
鸡犬不宁　二八二
坚如磐石　二八四
坚忍不拔　二八六
投桃报李　二八七
穷困潦倒　二八九
言归于好　二九〇
言不由衷　二九一
兵不厌诈　二九二
兵无常势　二九三
兵贵神速　二九五

卷三

利令智昏　二九七
别有天地　二九八
杞人忧天　三〇〇

呕心沥血 三〇一
忧心忡忡 三〇二
沆瀣一气 三〇三
呆若木鸡 三〇四
弄巧成拙 三〇五
声名狼藉 三〇六
声东击西 三〇七
我行我素 三〇九
劳苦功高 三一〇
初出茅庐 三一二
肝脑涂地 三一三
沧海一粟 三一四
作壁上观 三一五
每况愈下 三一六
邯郸学步 三一七
抛砖引玉 三一八
运筹帷幄 三一九
纸上谈兵 三二〇
赤膊上阵 三二二
纵虎归山 三二三
迎刃而解 三二四

八画

拔帜易帜 三二五
拔苗助长 三二七
画蛇添足 三二八
画龙点睛 三二九
夜郎自大 三三〇
夜以继日 三三〇
河东狮吼 三三一
狐假虎威 三三三
侧目而视 三三四
孤注一掷 三三五
孤芳自赏 三三六

奋不顾身 三三八
奇货可居 三三九
杯水车薪 三四〇
杯弓蛇影 三四一
杯盘狼藉 三四二
抱残守缺 三四三
所向无敌 三四四
奉公守法 三四五
孟母三迁 三四六
招摇过市 三四八
玩火自焚 三四九
物以类聚 三五〇
放浪形骸 三五一
秉烛夜游 三五二
郁郁寡欢 三五三
贫贱之交 三五四
刻舟求剑 三五五
欣欣向荣 三五六
视若无睹 三五七
明目张胆 三五八
国士无双 三五九
奄奄一息 三六〇
拨乱反正 三六一
盲人摸象 三六二
刮目相看 三六三
图穷匕见 三六五
舍本求末 三六六
卧薪尝胆 三六八
空中楼阁 三六九
空前绝后 三七〇
姑息养奸 三七一
所向披靡 三七二
英姿飒爽 三七三
取而代之 三七五

取之不尽，用之不竭　三七七
取长补短　三七八
青出于蓝　三七九
青云直上　三八〇

九画

怒发冲冠　三八一
厚颜无耻　三八三
咫尺千里　三八四
临深履薄　三八五
削足适履　三八六
前功尽弃　三八八
前无古人　三八八
信誓旦旦　三八九
食言而肥　三九一
食不甘味　三九二
春风得意　三九二
春风送暖　三九四
春风不度玉门关　三九五
春梦无痕　三九七
草木皆兵　三九八
背水一战　三九九
狡兔三窟　四〇一
将信将疑　四〇三
狭路相逢　四〇四
逃之夭夭　四〇五
柳暗花明　四〇六
怨声载道　四〇七
退避三舍　四〇八
骄兵必败　四一〇
指鹿为马　四一二
南柯一梦　四一三
南辕北辙　四一四
点石成金　四一六

闻一知十　四一七
闻鸡起舞　四一八
闻所未闻　四一九
轻车熟路　四二一
洗耳恭听　四二二
窃窃私语　四二三
举一反三　四二五
恻隐之心　四二六
举棋不定　四二七
举足轻重　四二八
钩心斗角　四二九
拾遗补阙　四三一
独当一面　四三二
甚器尘上　四三四
点金成铁　四三五
便宜行事　四三六
按图索骥　四三八
按兵不动　四三九
适得其反　四四一
养虎遗患　四四二
城门失火，殃及池鱼　四四三
城下之盟　四四四
挥汗成雨　四四五

十画

班门弄斧　四四五
捕风捉影　四四七
剜肉补疮　四四九
粉身碎骨　四五〇
豺狼当道　四五一
笑里藏刀　四五二
徒劳无功　四五四

卷四

宽猛相济 四五五
流离失所 四五六
流言蜚语 四五六
流连忘返 四五八
爱莫能助 四五九
兼收并蓄 四六〇
兼听则明，偏听则暗 四六一
冥顽不灵 四六三
耿耿于怀 四六四
桃李不言，下自成蹊 四六五
高山流水 四六六
高阳酒徒 四六七
捉襟见肘 四六八
恶贯满盈 四六九
狼子野心 四七〇
狼狈为奸 四七一
病入膏肓 四七二
旁若无人 四七三
旁敲侧击 四七四
唇亡齿寒 四七六
倾盆大雨 四七七
俯首帖耳 四七九
顿开茅塞 四七九
倒行逆施 四八〇
倒屣相迎 四八二
倒持泰阿 四八三
袖手旁观 四八三
难兄难弟 四八五
起死回生 四八五
破镜重圆 四八六
破釜沉舟 四八八
悔过自新 四八九
离群索居 四九一

胸有成竹	四九二
党同伐异	四九三
顽石点头	四九四

十一画

徙木立信	四九五
雪泥鸿爪	四九五
盘根错节	四九七
崇山峻岭	四九八
聊胜于无	四九九
黄粱一梦	五〇一
黄袍加身	五〇二
萍水相逢	五〇四
敝帚自珍	五〇四
铤而走险	五〇六
趾高气扬	五〇七
望门投止	五〇八
望梅止渴	五〇八
望洋兴叹	五〇九
掩耳盗铃	五一〇
萎靡不振	五一一
渐入佳境	五一二
祸起萧墙	五一三
盗亦有道	五一五
惊弓之鸟	五一五
盛名之下，其实难副	五一七
假仁假义	五一八
梅开二度	五一九
唯利是图	五二〇
虚有其表	五二一
盖世之才	五二二
推心置腹	五二四
脚踏实地	五二五
萧规曹随	五二六

深谋远虑 五二八
捷足先登 五三〇
得陇望蜀 五三一
得过且过 五三二
得心应手 五三三
得意忘形 五三四
得道多助，失道寡助 五三五
脱颖而出 五三六
欲速则不达 五三八
梁上君子 五三九
掷地金声 五四〇

十二画

啼笑皆非 五四一
筚路褴褛 五四三
跋山涉水 五四四
程门立雪 五四六
落井下石 五四七
馋涎欲滴 五四九
惩前毖后 五五〇
善始善终 五五一
凿壁偷光 五五二
逼上梁山 五五三
强弩之末 五五四
朝三暮四 五五五
割鸡焉用牛刀 五五六
道不拾遗 五五七
道听途说 五五八
惴惴不安 五五九
悲欢离合 五六〇
量体裁衣 五六二
量才录用 五六三
欺世盗名 五六四

十三画

满城风雨　五六五
愚公移山　五六六
雷厉风行　五六七
解铃还须系铃人　五六八
数典忘祖　五六九
塞翁失马　五六九
滥竽充数　五七一
暗送秋波　五七二
暗箭伤人　五七二
滂沱大雨　五七四
嫁祸于人　五七五
鹏程万里　五七六
痴人说梦　五七七
感恩图报　五七八
谨言慎行　五七九

十四画

旗亭画壁　五八〇
管鲍之交　五八一
管中窥豹　五八三
锲而不舍　五八四
模棱两可　五八五
精疲力尽　五八六
精卫填海　五八七
蝇营狗苟　五八八
摧眉折腰　五八九
摧枯拉朽　五九一
箪食壶浆　五九二
蜻蜓点水　五九三
竭泽而渔　五九四

十五画及以上

摩肩接踵　五九六

熟能生巧　五九七
擒贼先擒王　五九八
箭在弦上　五九九
暴虎冯河　六〇〇
醉翁之意不在酒　六〇二
嬉笑怒骂　六〇三
避实就虚　六〇四
孺子可教　六〇五
螳臂当车　六〇七
螳螂捕蝉　六〇八
鹬蚌相争　六〇九
豁然开朗　六一〇
罄竹难书　六一一

一钱不值

【成语释义】

一文钱不值。形容毫无价值。

【典故出处】

《汉书·灌夫传》。

【成语故事】

西汉高祖刘邦手下的大将军灌夫性情刚直，讲究信义，说出的话一定做到。他常侮慢地位比他高的官员，而对地位比他低的人，越是贫贱，他越敬重。因此，当时很多有才能而无地位的人喜欢接近他。

灌夫喜欢喝酒，并且常因喝醉了使性子。有一天，丞相田蚡结婚，他喝了不少酒。一会儿，他走到田蚡的面前敬酒，田蚡说：『我不能喝满杯。』灌夫见他不肯痛快喝酒，便语带讽刺地说：『你虽是一个贵人，但也应喝完我敬的这杯酒。』田蚡还是没有干杯。灌夫讨了一顿没趣，就走到临汝侯灌贤面前敬酒。这时，灌贤正对程不识（曾任边境太守，后改任太中大夫）的耳朵说话，没有对他表示出欢迎的样子。

灌夫心里本来有气，看见这情形，再也忍不住了，立即骂灌贤说：『我一向就说程不识不值一钱，今天在这里你竟和他学妇人的样子咬耳根子！』

自此以后，人们对于别人有轻视鄙弃的意思，而要说这人无长处，或是一无是处，就说『一钱不值』

或『不值一钱』。

一家之言

【成语释义】比喻有独特见解、自成一体的学术论著；也用来泛指一个学派，或个人的意见、理论观点。家：学术流派；言：理论观点或论著。

【典故出处】《报任少卿书》。

【成语故事】公元前91年，我国第一部纪传体通史——《史记》问世了。这部巨著共五十二万多字，记载了上至传说中的黄帝，下至汉武帝时代三千多年的历史。它反映了期间政治、经济、文化各方面的发展情况，为后代的『正史』树立了楷模。编写这么一部规模宏大的书，需要有多么丰富的知识，要付出多么大的精力啊！它的作者又是谁呢？

《史记》的作者是西汉时期伟大的史学家司马迁。

司马迁，字子长，夏阳（今陕西韩城）人。他生活在汉武帝时期，父亲司马谈学问很高，担任太史令的官职。在上古时候，『太史令』这一职务常常是祖传世袭的，专管天文、历法和历史文献。司马谈精熟天文、史事，通晓诸子学术。他平生有一个心愿：要作一部类似《春秋》那样的史书来填补孔子死后至汉武帝时这四百多年的历史空白。从司马迁幼年起，司马谈就下定决心要把司马迁培养成为一个能继承父辈事业的人。他一面让司马迁苦学当时通用的隶书，一面又要他攻读汉代以前的文字。到十岁的时候，司马迁已经很熟悉当时的通用文字，而且对先秦以来保存下来的古书也能诵读了。后来，司马迁又专门跟当时的大学问家孔安国学《尚书》，跟董仲舒学《春秋》。这对司马迁的思想影响是很深的。特别是董仲舒的儒家思想主张，更成了司马迁后来作《史记》的思想指导。

大约在公元前126年，二十岁的司马迁为了能实现父志便有计划地出游各地。他从京都长安起程，出陕西，经河南，到湖北，渡长江到了湖南的长沙，溯湘江而上，考察了有名的九嶷山关于虞舜南巡的传说，并在汨罗县（今汨罗市）的汨水，凭吊了爱国诗人屈原；又顺江东下，南登庐山，东至会稽（今浙江绍兴县）山，听到了夏禹疏九江等许多趣闻。之后，再渡江北上，到淮阴访问了汉初名将韩信的故里，复渡淮水至齐鲁的国都，看了孔子的各种遗物。其后，再至彭城（今江苏徐州市）、丰（今江苏丰县）、沛（今江苏沛县）一带访查了楚汉相争的状况和汉初将相的逸闻。

司马迁经过这次长途漫游，不仅广泛地接触人民群众，了解了许多地方的民情风俗和经济生活，而且考察了众多的历史遗迹，知道了许多历史人物的逸事、逸闻。这对他编写《史记》有极大的帮助。

司马迁在漫游之后，入宫当了汉武帝的侍从郎中。他三十八岁那年继任父职，被任命为太史令。四十二岁着手写《史记》。他撰写《史记》的目的，正像他自己讲的：『究天人之际，通古今之变，成一家之言。』意思是：主要在于研究自然和社会变迁的原因，著成自成一体的学术论著。

可是在司马迁四十八岁那年，《史记》『草创未就』之时，巨大的不幸落到他身上了。原来，那时候汉朝和北方的匈奴连年进行着大规模的战争。有一个叫李陵的将军，由于战斗失利，被迫投降了匈奴。汉武帝得知这个消息，极为不高兴。司马迁为李陵辩解了几句，触怒了汉武帝，受到残酷的腐刑（被割掉睾丸）。

精神和肉体上都受到极大摧残的司马迁并没有沉沦下去，撰写《史记》的崇高理想始终鼓舞着他，使他顽强地活下来，更加勤奋地写作。终于在他五十五岁的时候，写成了《史记》。这部巨著包括十二本纪、十表、八书、三十世家和七十列传，共一百三十篇。其中本纪、世家和列传是优秀的传记文学，在我国史学史和文学史上都占有极为重要的地位。鲁迅先生曾称赞它是『史家之绝唱，无韵之《离骚》』。

根据司马迁撰写《史记》的故事，人们引出了『一家之言』。

一日千里

【成语释义】

形容人的进步或事物发展的速度很快。

【典故出处】

故事出自《湘山野录》。

【成语故事】

我国唐宋两个朝代出了八个大文学家，他们的散文写得非常好，被人们称为古文『唐宋八大家』。北宋杰出的文学家欧阳修就是其中一位。

欧阳修四岁就失去了父亲，家里的生活非常贫困，不但拿不出钱供他上学读书，甚至连买纸笔那点钱也没有。母亲就只好用荻草枝儿当笔，在地上画，坚持教他学文练字。字尽管是画在地上的，但母亲的要求非常严格，必须一笔一画，工工整整；习文联句，更得字斟句酌，一丝不苟。这样，不仅使少年时代的欧阳修打下了很好的文化知识基础，而且也养成了勤奋严谨的好学风。直到欧阳修成名以后也是这样，他每写好一篇文章，就把草稿贴在墙上，从早到晚，边读边改，反复多次，才肯定稿。据说，他写《画锦堂记》这篇文章时，经过反复推敲，才定稿送给友人征询意见。稿子送出，又猛然想起开头两句『仕宦（huàn）主将相，锦衣归故乡』，不仅意思过于直白，而且音调不够高亢，如改为『仕宦而主将相，锦衣而归故乡』，不但意思更深一层，而且读来更舒畅流利。可是，送稿的人已经远去，他便立刻让人快马加鞭，赶上去改了过来。

有一年，洛阳镇守钱惟演在城里修了一座驿舍，特请本城文豪谢希深、尹师鲁和后起之秀的欧阳修，各写一篇记事文。三人各显其能，半日成文，大家围定一看，谢文七百字；欧文五百多字；尹文最少，只用了三百八十几个字，而且洗练生动，叙事完备。欧阳修也自认不如尹师鲁写得好，当天晚上便去向尹师鲁求教。尹师鲁对他说：『您的文章虽然也写得好，但结构不够严谨，语言不够精练。』欧阳修接受了这个意见，仔细地推敲了每一个字、每一句话，重写了一篇。尹师鲁看后，觉得一个字也不能更改，便感慨地对人说：『欧九真一日千里也。』意思是：欧阳修进步真快，实在像一日前进一千里一样！

人们由此引出『一日千里』。

一鼓作气

【成语释义】比喻做事情要鼓足劲头，勇往直前，一直把它办完。鼓：擂战鼓；作：振作；气：勇气。

【典故出处】《左传·庄公十年》。

【成语故事】公元前684年，强大的齐国出兵进攻弱小的鲁国。鲁庄公在曹刿（guì）协助下带领军队来到鲁国的长勺迎战齐军。

齐军首先擂响战鼓向鲁军发动进攻。庄公正准备击鼓迎战，曹刿劝阻说：『不可，时机未到。』齐军见鲁军没有反应，空喊了一阵又平静下来。稍过一会儿，齐军再次鼓声大作，可曹刿仍阻止鲁军出战。直到齐军擂过三次鼓之后，曹刿才对庄公说：『可以擂鼓出击了。』鲁国士兵随着出击的鼓声，奋勇冲杀过去，顿时把未及防备的齐军打得四处溃逃。

战斗胜利结束后，庄公不解地问曹刿：『为什么要等到齐军擂了三次进军鼓之后，才能擂鼓出击？』曹刿回答说：『夫战，勇气也。一鼓作气，再而衰，三而竭。彼竭我盈，故克之。』意思是：打仗靠的是士气，齐军第一次擂鼓的时候，士气正旺盛，第二次擂鼓的时候有所低落，到了他们第三次擂鼓时，士气几乎全消失了。而我们才擂第一次鼓，士气正饱满，所以能一举战胜齐军。

根据这个故事，人们总结出『一鼓作气』，用来比喻做事情要鼓足劲头，勇往直前，一下子就把它办完。

一筹莫展

【成语释义】

比喻束手无策，一点办法也拿不出来。筹（chóu）：计数用的筹码，引申为筹划、计策；莫：不，不能；展：施展。

【典故出处】

《宋史·蔡幼学传》。

【成语故事】

南宋时候，有一个名叫蔡幼学的人，字行之，温州瑞安人，自幼学习很刻苦，曾拜名士陈傅良为师。不久，一般人都认为他写的文章和才学都在他的师傅之上。在宋光宗时，他做了校书郎。宋光宗死后，宋宁宗即位，曾下了一道诏书征求群臣的意见。蔡幼学写了一份奏章直陈国事，他说：『皇上，你要当好皇帝，就得做好三件事：一要事亲，孝顺好父母；二要任贤，选用有真才实学的贤才；三要宽民，对老百姓要宽厚。要做好这几件事，最根本的是要搞好教育。近些年来，一些人到处制造舆论排斥好人。有些大臣本想好好地施展自己的才能，但又怕惹是非，担心遭到不幸。从而打消了一展抱负的念头。这样一来，您就脱离了群臣，结果是「多士盈庭而一筹不吐」（意思是：朝廷里有学问的大臣虽然不少，但一点有用的办法都拿不出来）。在这样的情况下，如果再不提倡讲学，树立好的学习风气，是不行的。』

根据这个故事，后来人们把『一筹不吐』引申成『一筹莫展』。

一叶障目

【成语释义】

比喻为细小的事物或局部现象所迷惑，看不到全局和整体。障：遮住，挡着。

【典故出处】

《鹖冠子·天则》。

夫耳之主听，目之主明，一叶蔽目，不见泰山；两耳塞豆，不闻雷声。

意思是：耳朵是管听的，眼睛是管看的。一片树叶遮住眼睛，就会连泰山也看不见；两粒豆子塞住耳朵，就会连雷声也听不见。

【成语故事】

三国魏邯郸淳编的《笑林》，还载了这样一个故事：

古时，楚地有一个贫苦的读书人，他不去好好劳动，天天闲居在家做着能意外发财的美梦。有一天，读《淮南子》这本书，书上说螳螂捕蝉时全靠树叶给它遮住身体。他想，人要是得到那片树叶，不就可以用来隐身？楚生立即放下书本，跑到树林里去东寻西找，终于发现有一只大螳螂躲在一片树叶背后，举起双臂朝蝉扑去。他也顾不得看螳螂是否捕到了蝉，急忙爬上树去摘那片叶子。可就在这时候，树叶纷纷下落，与原来地上的树叶混在一起了，他只好将地上的树叶都带回家，然后一片片地拿着树叶遮住眼睛，问他的妻子说：『你还能看见我吗？』起初，妻子如实回答：『看得见！』可是楚生一连几天，总是这样一片一片地遮住眼睛，一次又一次地问。妻子厌烦了，便改口说：『看不见！』

这一下可把楚生高兴坏了，拔腿就往市场跑去。他一手举着树叶遮住眼睛，一手就去偷人家的东西。当场被人抓获，扭送到县衙。县官审问他时，他如实把事情的经过说出来，并说：『我用这片树叶遮住眼睛，别人就什么也看不见了嘛！』

县官听罢，哈哈大笑，知道这是个书呆子，责备一番就把他放了。

根据这些记载和故事，人们就常用『一叶障目』或『一叶障目，不见泰山』表示看不到全局和整体。

一挥而就

【成语释义】

比喻写字、作文、绘画熟练，敏捷，完成快；也用来比喻办文书类的事情完成得快，效率高。挥：挥动，这里指挥笔；就：完成，成功。

【典故出处】

《宋史·文天祥传》。

【成语故事】

文天祥，文学家，号文山，吉州庐陵（今江西吉安）人。他在狱中所作的《正气歌》为后世传诵。

青年时候的文天祥，就很有才学。公元1256年，宋理宗宝祐四年，二十岁的文天祥来到临安（今浙江杭州市）参加进士考试。考试那天，他根据题目，就当时一系列的政治问题陈述了自己的见解，一气就写成了《法天不息对策》这篇文章，『其言万余，不为稿，一挥而成』。意思是：文天祥写这篇文章的时候，都用不着打草稿，一口气就写了万余字。宋理宗看了他的文章，很高兴，钦点他为第一名。

根据这个故事，人们就把『一挥而成』引申为『一挥而就』。

一落千丈

【成语释义】

比喻处境、地位、声誉或境况的急剧下降。

【典故出处】

唐代韩愈《听颖师弹琴》诗。

【成语故事】

在唐宪宗元和十一、十二年间（816~817年），有一位来自天竺（今印度）叫颖师的僧人，在长安以弹琴而享盛名。韩愈在听了这位天竺僧人弹琴以后，写下了赞美诗。全诗共十八句，前十句通过生动的比喻，绘声绘色地直接赞美了颖师的高超技艺；后八句通过述说自己听琴以后的深切感受，进一步衬托颖师琴艺高妙。诗的前十句是：

昵昵儿女语，恩怨相尔汝。

划然变轩昂，勇士赴敌场。

浮云柳絮无根蒂，天地阔远随风扬。

喧啾百鸟群，忽见孤凤凰。

跻攀分寸不可上，失势一落千丈强。

昵昵：声音细腻；恩：恩爱；尔、汝：都是第二人称的昵称；划然：突然；喧啾（jiū）：百鸟争鸣的杂叫声、跻（jī）：登；分寸不可上：比喻琴音高到不可再高的地步；千丈强：多于千丈，极言其量大。

这段诗的大意是：颖师弹出的琴声轻柔细碎，时而像孩子们在低声细谈，时而又似关系亲密的青年男女细语诉情。突然琴声变得雄壮高昂，又像勇士们在奔赴杀敌的疆场；进而琴声悠扬，又像天上的浮云和无根的柳絮，在辽阔的天地间自由自在地随风飘扬。耳边仿佛响起百鸟争鸣的细杂声，忽而又分明似有一只凤凰鸣叫压过了众鸟的鸣叫。琴音起伏变化，一会儿高到了极限，一会儿又由高转低，恍如从半空中陡然坠下千丈的深坑。

后来，人们把这十句诗的最后一句：『失势一落千丈强』，简化为『一落千丈』。

一日三秋

【成语释义】

历时短暂但感觉很长，形容对人殷切的思念之情。三秋：三个秋季，即九个月的时间，后转化指三年。

【典故出处】

《诗经·王风·采葛》。

【成语故事】

这是一首怀念情人的诗。作者是一位正在热恋中的多情人，哪怕对方只是与自己短暂的分离，感觉过了很长的时间。于是便想象他的心上人正在采葛或萧艾，虽然离开她才一天，这一天却抵得上三月到三年那么长。全诗共三章，每章只变换了几个字，便真实地表现了想念情人愈来愈强烈的感情。

彼采葛兮。一日不见，如三月兮！

彼采萧兮。一日不见，如三秋兮！

彼采艾兮。一日不见，如三岁兮！

葛：葛藤，一种藤本植物，块根、茎可作纤维；萧：艾蒿，多年生草本植物，有香气，古人采它供祭祀或药用；艾：菊科植物；岁：年。

诗的大意是：

她采葛去了，一天不见她，就好像隔了三月那么长。

她采萧去了，一天不见她，就好像隔了三季那么长。

她采艾去了，一天不见她，就好像隔了三年那么长。

后来，人们便把『一日不见，如三秋兮』这两句诗简化引申为『一日三秋』或『一日不见，如隔三秋』。

一诺千金

【成语释义】

比喻说话算数，讲究信用。诺：许诺，诺言。

【典故出处】

《史记·季布栾布列传》。

【成语故事】

秦末汉初，有一个楚国人叫季布。他性情耿直，又爱帮助别人。凡是自己答应过的事情，无论有多大的困难，他都要想办法做到。因此，受到当时许多人的赞扬。

楚汉相争之际，季布曾在项羽部下做官。他出谋献计，带兵打仗，使刘邦吃过好几次苦头。刘邦当了皇帝，想起这些事，气愤不过，就画图悬赏缉拿他。这时，敬慕季布为人的人都暗地里帮助他。一个姓周的人秘密地把他送到鲁地一个叫朱家的人的家里隐藏起来。朱家又跑到洛阳去对汝阴侯夏侯婴说：『季布之过，乃当日之事。在兵荒马乱、群雄并起之时，只知有楚，不知有汉，理当为楚，何能为汉呢？』几句话，讲得很在理。夏侯婴听了之后，觉得很有道理，就劝说刘邦撤销了对季布的通缉令，并封他做了郎中。不久，又升为河东太守。

这时候，有一个与季布同是楚人的曹邱生，平时专好结交有权势的官员，借以夸耀自己。他听说季布又做了大官，就请与季布要好的窦（dòu）长君写信介绍他去见季布。窦长君说季布瞧不起他的为人，劝他不要去。曹邱生坚持要去，窦长君只得介绍。

一天，曹邱生受到了季布的接见，他看着曹邱生那副毕恭毕敬的神态，脸上流露出厌恶的神情。曹邱生只作没看见，照样弯腰作揖，惊喜地说：

『我听到楚人到处在说：「得黄金百斤，不如得季布一诺。」您怎么能够有这样好的名声传扬在梁、楚两地呢？我是楚人，你也是楚人，我在各处宣扬你的为人，难道这对你的名声四处传扬没有帮助吗？您既然答应见我，为什么又这么不愿意呢？』

季布听了曹邱生这番话，改变了态度。便留下他，很有礼貌地当作贵宾招待；曹邱生走的时候，又送给他一笔厚礼。季布的名声也越来越大了。

根据这个故事，后来人们就从『得黄金百斤，不如得季布一诺』引申出『一诺千金』。

一事无成

【成语释义】

指连一样事情也没做成；什么事情都做不成。

【典故出处】

唐·白居易《除夜寄微之》诗。

【成语故事】

唐朝有一个官吏，因官运不怎么亨通，不管做什么事情，往往都不如他的心意，所以想借游玩出去散散心。

有一天，他到了京国寺，游倦了，就寄宿在寺里。晚上做了一个梦：他梦中走到一处岩石下，碰到一位老和尚；在老和尚的面前，有一个极小的香炉，炉檀香烟袅袅上升。老和尚对他说：『这小香炉中的香烟还是你许愿时留存下来的，现在你已做了三世人了。第一世你是唐玄宗时代的剑南安抚巡官，第二世你是宪宗时候的西蜀书记，第三世就是现在的省郎官。』

他听了老和尚这番话，恍然有点觉悟，仿佛记忆三世所做的官，都是庸庸碌碌，一事无成。于是，再也不愿意在宦海里浮沉，对人生似乎恍然彻悟。

一网打尽

【成语释义】

比喻一下子全部捉住，或全部肃清。

【典故出处】

宋·魏泰《东轩笔录》。

【成语故事】

晋国的公子夷吾和公子重耳是两兄弟。夷吾得到了秦国和齐国的帮忙，登上王位，成为晋惠公。

惠公的大臣分作两派，一派以郤芮和吕省为首，拥护惠公；一派以里克和丕郑为首，背地里拥护重耳。当丕郑到秦国去公干的时候，惠公借故杀了里克。丕郑回来后，心里很恐惧，生怕自己也被惠公杀掉。他心里很恨惠公，便暗地召集同党，商量赶走夷吾，迎公子重耳登位。

有一天，屠岸夷要见丕郑。他从午间等到深夜，才见着丕郑。丕郑问他有什么事情，屠岸夷告诉他，惠公要杀他，所以请丕郑相救。丕郑说：『你去叫吕省救你吧！』屠岸夷说：『吕省不是好人，我正要喝他的血，吃他的肉呢！』丕郑不大相信。屠岸夷还献了怎样推翻惠公的办法。丕郑听了，大声喝道：『是谁教你来说的！』屠岸夷见他不信，只好咬破了指头，鲜血直流，对天发誓：『老天爷在上，我如有三心二意，叫我全家都死光。』

这么一来，丕郑就相信了。丕郑这一伙人密谋写了一封信给重耳，准备请他回来。丕郑、共华、屠岸夷等十位大臣都签了字。

屠岸夷把信贴胸带走了。第二天上朝，惠公问丕郑说：『你们为什么要迎公子重耳？』丕郑这一班人都吃了一惊，心知不妙，都给缚去砍了头，被一网打尽。

一往情深

【成语释义】

指对人或对事物倾注了很深的感情而不能克制。

【典故出处】

南朝·宋·刘义庆的《世说新语·任诞》。

【成语故事】

桓伊是东晋时有名的将领。字叔夏，小字子野。

公元383年，前秦皇帝苻坚率九十万大军南下，攻伐东晋。桓伊尽起豫州之兵攻击前秦军队。结果在淝水一战中大破前秦军队，为稳定东晋政权立下了功勋。不久，桓伊因军功升迁为都督江州荆州十郡，豫州四郡军事长官，江州刺史。桓伊在驰骋疆场以外，还十分喜爱音乐，会作曲，善吹笛。

除了吹笛子，桓伊也非常爱听别人唱歌，每当听到优美的歌声，他就会情不自禁地击节赞叹。当时的宰相谢安也十分喜爱音乐，两人见面时也经常谈论音乐。谢安见桓伊对音乐造诣很深，对音乐又如此痴心，便说：『桓子野对音乐真是一往情深呀！』

一窍不通

【成语释义】

比喻对事物不理解，一点也不懂得。窍（qiào）：窟窿、孔洞。古人把两眼、双耳、两个鼻孔和嘴称为七窍。

【典故出处】

《吕氏春秋·过理》。

【成语故事】

商朝末代群主殷纣王，是一位为老百姓怨恨的暴君。他的叔父比干，看他成天胡作非为，昏庸无道，便多次苦口婆心地劝他要做好事，不要做坏事。为此惹怒了殷纣王，说要挖出比干的心来看一看，残酷地把比干杀了。

孔丘在听到这件事情的时候，感叹地说：『其窍通，则比干不死矣。』意思是：殷纣王简直是一窍不通的糊涂虫，如果他还有一窍通的话，也多少懂点事理，他的叔父比干，最后也不会死。

后来，人们就把『其窍通，则比干不死矣』引申为『一窍不通』。

一厢情愿

【成语释义】

比喻做事情、想问题只凭个人的主观愿望，不考虑客观条件。一厢：也作一相，一边，单方面的意思；情愿：愿意。

【典故出处】

《百喻经》。

【成语故事】

有一个寓言故事说：古时候，有一个人很愚蠢，遇事总是不考虑别人的意愿和客观条件是否具备。有一次，他到京城游玩，偶然地看见了国王的女儿，长得很漂亮。回到家以后，他就朝思暮想地要与公主结婚，最后竟害上了相思病。亲友们听说后，就去看望他，询问他的病因。他讲了实话，并说如不能与公主成婚，自己的性命恐怕就难保了。亲友们为了安慰他，便对他说：『这件事还可以再想想办法，我们也可以帮你去问问公主。』过了些天，亲友们又去看他，对他说：『我们已经找公主谈过了，她不答应，你就不要再想她了吧！』哪里知道，这位害相思病的愚人一听，乐了，笑哈哈地说：『这下子可好办了，只要我再去一趟，她准会答应的。』

后来人们根据这个故事，引出『一厢情愿』。

一知半解

【成语释义】

比喻知道得不全面，理解得不透彻。知：知道，明了；解：懂，明白；一知：知道得很少，理解不深刻。

【典故出处】

《唐宋诗醇》。

【成语故事】

宋朝有一位名叫陈师道的诗人，对苏轼的诗很喜欢。他读过苏轼的一些诗后，便武断地说：苏轼的诗，是先学刘禹锡，后学李太白。到了清朝，他的这个说法遭到全面否定。

乾隆十五年（1750年），乾隆皇帝『御定』了一本选集《唐宋诗醇》。这本选集共四十七卷，其中选录了唐代李白、杜甫、白居易、韩愈，宋代苏轼、陆游等六大家的诗。选集在各家前有总评，各篇后亦有编者评语。在评论苏轼的诗的时候，《唐宋诗醇》有这样几句话：『轼乎独立千古，非一代一人之诗也；而陈师道顾谓其初学刘禹锡，晚学李太白，毋（wú）乃一知半解欤（yú）！』意思是：苏东坡的诗，有他自己独特的地方，是百家中的一家，绝不能当作某一个时代、某一个人的诗来看；陈师道对苏东坡的诗的评价是不准确的。说苏轼早期学刘禹锡，晚期学李太白，可见其对苏东坡的诗学习、了解得还不够透彻。

根据这个故事，人们就引出了『一知半解』。

一丝不苟

【成语释义】

比喻做事认真细心，连最细小的地方也不马虎。丝：极少，极小；苟：马虎，敷衍了事。

【典故出处】

《儒林外史》第四回。

【成语故事】

《儒林外史》是清朝吴敬梓写的一部长篇讽刺小说。在这部小说里，吴敬梓以生动的笔触，塑造了不少很有现实意义的艺术形象，暴露了各类士人利欲熏心、虚伪丑恶的精神面貌，批判和嘲讽了科举制度和礼教，揭露了封建社会的腐朽和黑暗。在该书的第四回中，讲了这样一个故事：

明朝时，有一个屡试不中的儒生名叫范进。有一年，他突然考中了举人，后去拜见他的老师汤知县。汤知县设宴招待了他。席间有位老者给知县送来了他与另外几个人凑份的五十斤牛肉。在当时，皇上曾有命令禁止宰杀耕牛，任何人都不准吃牛肉。这时，一向贪赃受贿的汤知县不知该不该收这份礼，于是就向与范进同来的一个叫张静斋的举人请教。张静斋说：『明天你就把那个领头送牛肉的老者抓起来，把他送来的牛肉堆在枷上，再在旁边贴上一张告示，说明他们知法犯法，实属可恶。这样，上司访知，见世叔一丝不苟，升迁就在指日。』

张静斋这么一指点，汤知县连连点头地赞赏说：『十分有理。』便照此办了。

后来根据这个故事，人们便引出了『一丝不苟』。

一败涂地

【成语释义】

比喻某件事情失败到不可收拾的地步。一：一旦；涂（tú）：涂抹；涂地：肝脑涂地的省略，五脏和脑浆迸流满地。

【典故出处】

《史记·高祖本纪》。

【成语故事】

汉高祖刘邦，是秦王朝沛县（今属江苏）泗水亭长。秦朝末年，沛县县令送一批民工去骊山（今陕西临潼东南）为秦始皇修陵墓，由他押送。走到半路，不少人跑掉了，刘邦无法交差，于是干脆把没有逃跑的人都放走，自己带着十几个人躲进了芒、砀（dàng）二山（芒山在砀山的北边，砀山在今安徽砀山县东南）的山泽中，组织武装，准备起事。

公元前209年陈胜、吴广在大泽乡（今安徽宿县南坪集西的小刘村）起义后，沛县的县令也想投顺陈胜，就跟文书萧何和管监狱的曹参两人商量。萧何、曹参认为：县令是朝廷的命官，不替朝廷出力，反而去投奔敌人，怕手下人不服，自己手下没有人，不好办。不如找刘邦他们回来，免了他们的罪，就不怕有人不服了。县令同意了，就让樊哙去找刘邦他们。

刘邦、樊哙带着一百人回到沛县的时候，县令又变了卦，怕外来的人靠不住，不听他的指挥，就下令关上城门，不让刘邦他们进去。于是，刘邦写了一封信，绑在箭上射进城里去，号召大家齐心协力杀了县令，共同抗秦，以保身保家。果然，城里的父老率领子弟，杀了县令，大开城门，迎接刘邦他们进城，并要将刘邦立为县令。刘邦谦让地推辞说：『天下方扰，诸侯并起，今置将不善，一败涂地。吾非敢自爱，恐能薄，不能完父兄子弟。此大事，愿更相推择可者。』意思是：现在各地纷纷起义反秦，形势很紧张，如果领头的人选择不当，一旦失败了，就会肝脑涂地的。我的能力不行，你们还是选择合适的人吧！最后，还是由刘邦做了县令。

根据这个故事，后来人们就引出了『一败涂地』。

一言九鼎

【成语释义】

形容说话很有分量，每句话都起了重大作用。一言：汉语的一个字叫一言；九鼎：传国之宝，喻贵重的物品。

【典故出处】

《史记·平原君虞卿列传》。

【成语故事】

公元前260年，秦国的军队在赵国的长平（今山西高平市西北）把赵国的军队打得大败。接着，秦将白起便挥师乘胜向邯郸（赵国的都城，现属河北）进击。公元前259年，秦军包围了邯郸。赵国危在旦夕，国君赵孝成王便派平原君赵胜，带着毛遂等二十位门客到楚国去请求派兵支援。

平原君到楚国后，从早上到中午一直都在与楚国国君楚考烈王谈判出兵救赵的条件，始终没有结果。这时，只见毛遂拔剑出鞘，按着剑柄，从台阶下雄赳赳气昂昂地走上前去，对平原君说：『楚赵联合抗秦的事，三言两语就可以说清楚的，谈了半天，怎么还不能定呢？』本来就看不起赵国的楚考烈王，这下子有些生气了，便斥责毛遂说：『你还不退下去，我是在同你的君主讲话，你来插嘴干什么？』

毛遂把剑拿在手上，摆出要击杀的架势，抢前几步说：『大王之所以敢于这样不礼貌地斥责我，你是以为楚国人多吧！可现在，在这十步的范围以内，你就没有这个优势了。你的性命完全在我的掌握之中。我听说过，商汤曾以七十里的封地，夺得了夏桀的天下，周文王姬昌也以百里的封地灭掉了殷纣。他们靠的不是人多，而是威望和德行。而今楚国有土地五千里，能打仗的人上百万，本来是最有资格做霸主的。可是前些年却几次败给秦将白起，首战丢了北方重镇鄢郢（今湖北宜城西南），再战被白起烧了夷陵（今湖北宜昌东），三战丢了国都郢（今湖北江陵），迁都到陈（今河南淮阳），使先王都跟着遭受侮辱。这本来是百世的怨恨和耻辱，难道大王你不知道吗？所以，楚国最需要联合抗秦，并不只有赵国啊！』在毛遂的刀剑威逼之下，楚考烈王只得连连点头称是，便当即决定发兵救赵。

赵胜回到赵国以后，感叹地说：『毛先生一至楚，而使赵重于九鼎大吕。』

九鼎：相传为夏禹所铸的九个鼎，象征九州，为夏、商、周三代的传国之宝；大吕：周宗庙门前的大钟。二者都是当时全国最宝贵的物品。

这段话的意思是：毛遂在楚王面前讲的那番话，使赵国的声望比最珍贵的宝器九鼎、大吕还贵重。

根据这个故事，后来人们便引申出了『一言九鼎』。

一夫当关，万夫莫开

【成语释义】

比喻地势险境，易于防守。一、万：均为约数，并非实数，『一』表示少，『万』表示多；夫：人。

【典故出处】

唐代李白《蜀道难》。

【成语故事】

唐玄宗天宝元年至三年（742～744年），李白在长安期间，正是唐玄宗由励精图治的有作为的时期，转向只顾享乐、不理朝政的衰败时期。当时，政朝腐败、奸臣当道，各种社会矛盾异常的尖锐。李白由于亲身经历了这一由盛而衰的急剧变化，并以特有的敏感，预感到国家潜伏着变乱的危机。于是，他借一次送朋友入蜀的机会，写了《蜀道难》这首诗，将这种忧患和预示寄寓其中。全诗大致可分为四段。第一段从首句『噫吁』至『猿猱欲度愁攀援』，主要是以历史传闻和神话故事，具体地描写蜀道之难；第二段自『青泥何盘盘』至『胡为乎来哉』，主要是根据自己的生活经历，进一步描绘蜀山的奇丽、险峻；第三段自『剑阁峥嵘而崔嵬』至『杀人如麻』，由蜀山的险要，暗示了自己的隐忧；最后四句为第四段，预示蜀地将发生动乱，奉劝入蜀之友人，宜早早『还家』。这首诗的第三段是：

剑阁峥嵘而崔嵬，一夫当关，万夫莫开。所守或匪亲，化为狼与豺。朝避猛虎，夕避长蛇，磨牙吮血，杀人如麻。

剑阁：地名，今四川省剑阁县北；峥嵘、崔嵬（wéi）：形容山势高峻；一夫：一人；当关：把守关口；

莫开：打不开；所守：守关的人；匪亲：不是亲信可靠的人；狼与豺、猛虎、长蛇，皆指叛乱者。

这段诗的大意是：剑门关更是雄壮险峻，只要一人把守住关口，万人也莫想把它打开。守关的人若不是亲信可靠的，他们要是据险叛乱，就会变为残害人民的豺狼、猛虎和长蛇。这些吃人的家伙，磨牙吮血，遭殃的是广大百姓，被杀死的人就会多如乱麻。

后来，人们把『一夫当关，万夫莫开』引申为成语。

一不做，二不休

【成语释义】

指不做则已，要做就坚持到底，多用来比喻一干到底的决心。休：停止。

【典故出处】

唐代赵元一《奉天录》。

【成语故事】

唐德宗李适在政期间，幽州昌平（今属北京市）有一个叫朱泚（cǐ）的人，官至卢龙节度使。公元782年（唐德宗建中三年）因其弟朱滔叛乱，他被免职，以太尉衔留居长安。次年，泾原兵在京师哗变，德宗出奔奉天（今陕西乾县），朱泚被立为帝，国号秦。次年，又改国号为汉，朱泚自号为汉元天皇。不久被唐将李晟（shèng）击败，逃奔至彭原（今甘肃庆阳南），在势孤窘困的情况下，其部将张光晟杀朱泚而投降唐将李晟。张光晟投唐本想保住自己的身家性命，但在叛乱被平定后，李晟因其罪大，还是把他处以死刑。

张光晟在临死前说：『传语后人：第一莫作，第二莫休。』意思是，告诉后来的人：凡做一件事，不做则已，一做就要干到底。

后来，『第一莫作，第二莫休』被简化为『一不做，二不休』。

二画

七步之才

【成语释义】

形容才学高超、文思敏捷。也作『七步成章』。

【典故出处】

《世说新语·文学》。

【成语故事】

汉末，曹操的次子曹丕，从汉献帝手里篡夺帝位，称魏文帝，是三国时代魏国的开国皇帝。

曹丕的弟弟曹植（曹操的第四子）很有文才，十来岁时，就能吟诗作赋，曹操生前特别喜欢他。

可是曹丕却很妒忌他，做了皇帝以后，常常找事来打击曹植。

有一次，曹丕对曹植说：『听说你才思敏捷，我却没有面试过你。现在限你在走七步之内，作成诗一首，如果不能，我就要治你欺诳之罪。』曹植无奈，只得一面走一面想，还没走满七步，便成一诗：

煮豆燃豆萁，漉豉以为汁。
萁在釜下燃，豆在釜中泣。
本是同根生，相煎何太急？

这首诗，有的书上记载只有四句，没有第二、三句。全诗用同根生的萁、豆比喻同父母的兄弟，用互相煎来比喻兄弟不睦。『本是同根生，相煎何太急？』这是曹植对曹丕沉痛的责问和规劝。曹丕当时听了这首诗，深感愧疚。

根据这个故事，人们引申出『七步之才』。

人弃我取

【成语释义】

原意是别人抛弃，我去取来。现在常用来表示自己的兴趣或见解不同于他人。

【典故出处】

《史记·货殖列传》。

【成语故事】

战国初期，魏国的文侯任用李悝为相国，厉行改革，加强统治。他实行保护农民利益和发展农业的『平籴（dí）』法。所谓『平籴』，就是国家在丰收年份用平价买进粮食，到荒年时以平价卖出，使粮价保持稳定。这样，就促进了封建政治和经济的发展，使魏国成为战国初期的强国之一。

李悝的经济改革，尤其是所实行的『平籴』法，使一个名叫白圭的商人受到启发。经过反复思考，他想出了一种适应时节变化的经商致富办法，这就是『人弃我取，人取我与』。

这个办法说起来也很简单，那就是别人不要的我要，别人要的我给予。

按照这个办法，在丰收季节，粮食很多，大家都不要，价钱也便宜，他就大量买进。这时，蚕丝、漆等因不是收丝或割漆的季节，没有大量上市，价钱自然很高，他赶紧把这些货物卖出去。

到了收丝时节，蚕丝大量上市，价钱便宜，而粮价却高了起来。这时，他就收进蚕丝，卖出粮食。就在这买进卖出之间，牟利致富。

人言可畏

【成语释义】

形容不负责的闲言碎语，常常给人造成压力。

【典故出处】

《诗经·郑风·将仲子》。

【成语故事】

这是一首民间情歌的歌词。是一位热恋中的姑娘的自述，她思念她的情人仲子，但又害怕被父母诸兄和旁人发觉而说闲话。全诗共三章，第二、三章是：

将仲子兮，无逾我墙，无折我树桑。岂敢爱之，畏我诸兄。仲可怀也，诸兄之言，亦可畏也。

将仲子兮，无逾我园，无折我树檀。岂敢爱之，畏人之多言。仲可怀也，人之多言，亦可畏也！

将：请；仲子或仲：都是对情人的爱称。

这两章的大意是：请求你，仲子呀！不要爬过我的墙，不要攀折我栽种的桑。我倒并不是爱惜这桑树，怕的是被诸位兄长发现。仲子啊，我是多么思念你，但诸位兄长的话，可也让人害怕呀！

请求你，仲子呀，请不要再爬我家的园，别再折我种植的檀树了。我倒并不是爱惜这棵檀树，怕的是那些好搬弄是非的人说闲话。仲子啊，你是多么地让我思念，人们的闲话，又是多么可怕！

后来，人们便把『人之多言，亦可畏也』这两句诗，简化引申为『人言可畏』。

人非圣贤，孰能无过

【成语释义】

多用来说明人总是会有过失的，也用来勉励人有了过失要改正，不要背包袱。圣贤：圣人与贤人，旧指智慧和才能出众的人；孰：谁。

【典故出处】

《左传·宣公二年》。

【成语故事】

春秋时候，晋国的国君晋灵公暴虐无道，当大臣们朝见他的时候，他竟有失君道，常常用泥弹子弹人，以观其避弹，引以为乐。有一天，灵公要吃熊掌，熊掌味美但难熟。这次厨师给他送去的炖熊掌，炖得还不够透，晋灵公就把这位厨师杀了，并叫两个人肢解其尸，放在筐里，扔出宫去。刚巧被大臣赵盾、士季碰见了。他们看见露在外边的死者的手，才进而了解到这件事，决定进宫去进谏晋灵公。士季先进去，晋灵公装着没有看见；直到第三次，晋灵公才抬起头来，瞟了他一眼，说：『吾知所过矣，将改之。』意思是：我已经知道我犯的过错了，今后改了就是了嘛！

士季向晋灵公施过礼以后，回答说：『人孰无过，过而能改，善莫大焉。诗曰：「靡不有初，鲜克有终。」夫如是，则能补过者鲜矣。君能有终，则社稷之固也。』

『靡不有初，鲜克有终』出自《诗经·大雅·荡》，意思是，事情都有个开头，但很少有能到终了；鲜：少。这段话的意思是：哪个人敢说没有过错呢，有了过错改过了，没有比这个更好的了。诗经上说：『事情总是有个开头，但很少有能到终了的。』如果真像这样的话，那么真正能改正过错的人就不多了！假如您能坚持始终，国家的巩固就有了保障了。

但晋灵公仍然不改，终于死于赵盾族人赵穿之手。

后来，西汉班昭《女诫》也说：『自非圣贤，鲜能无过。』

根据这些记载，便引申出了『人非圣贤，孰能无过』。

入室操戈

【成语释义】

比喻拿对方的论点来批驳对方。操：拿；戈：兵器。

【典故出处】

《后汉书·郑玄传》。

【成语故事】

郑玄，字康成，是东汉时北海高密（今山东高密）人。他的祖先在汉哀帝刘欣时代做过尚书仆射。郑玄年轻的时候，就不愿做官，一心想研究学问。他的父亲多次责备他，但还是不愿改变自己的志向，只好送他进太学读书。后来他又四处投拜名师就学，共十余年。回到家乡后，还交了当时研究经学的名士何休这个朋友。何休把自己写的《公羊墨守》《左氏膏肓》《谷梁废疾》等三篇文章给郑玄看。郑玄看过后，不但不赞成他的观点，还写了《发『墨守』》《针『膏肓』》《起『废疾』》三篇文章，针锋相对地逐一批驳何休学派的论点。何休看了郑玄的文章后，感叹地说：『康成入吾室，操吾矛以伐我乎？』意思是：郑玄就像进了我屋，拿起我的兵器，在向我进攻呀！

后来人们把这句话简化成『入室操戈』。

入木三分

【成语释义】

比喻说话、分析问题或写文章非常深刻。

【典故出处】

《书断·王羲之》。

【成语故事】

东晋时候，我国出了一位大书法家，那就是被历代书法家、鉴赏家称为最高楷模的『书圣』王羲之。

王羲之从小喜欢练字，七岁就能写出一手好字。十二岁那年，一天，他见到父亲枕头下有一本介绍写字方法的书——《笔论》，就兴冲冲地拿着它去找父亲教他练书法。父亲说他年岁小，没有应允，答应待他长大后，一定教他练书法。王羲之一听便急得跪下来向父亲请求说：『现在就教我吧，如果等长大了再学，那就太晚了。』父亲看他决心大，便答应了。

从那时起，王羲之就在父亲的指导下如痴如醉地苦练书法，即便在休息的时候，也在细心地揣摩着字体的间架结构和气势。他时常心里想着，手指便在衣襟上画，时间一久，竟划破了衣襟。

王羲之的字越写越好，字迹既秀丽又矫健，到青年时期他已经是有些名气的书法家了。但王羲之仍然不停地苦练，走路、吃饭乃至睡觉都在揣摩各书法家的笔势，手指不停地划字影。有一天，上了床，他还用手凌空划字，一不留意，竟划到妻子身上，妻子笑着说：『你怎么在人家身上划？自己的呢，没啦？』

没料到，就这句玩笑话，竟让王羲之悟到应该创造自己的书体。从那以后，他翻读碑帖手迹，糅合百家之长，得千变万化之神，自成一体，他的字写得更加优美、苍劲了。据传说，有一次，王羲之把字写在木板上，拿给雕刻工匠要他照着刻下来，工匠刻木时，竟吃惊地发现墨迹已透入了木板三分深。

当然，这种传说未必真有其事，人们只不过借此来形容王羲之所写的字笔力雄劲，已经到了炉火纯青的地步。后来人们也根据这个传说，引申出『入木三分』。

九牛一毛

【成语释义】

比喻极为渺小，轻微，一点也不关紧要。九牛：众多的数量；一毛：极微小的数量。

【典故出处】

西汉司马迁《报任少卿书》。

【成语故事】

《报任少卿书》，是司马迁写给他的知己好友任安（字少卿）的一封长信。司马迁遭『李陵之祸』，受刑出狱之后，做了中书令，任安便写了一封信给他，劝司马迁接受『教训』，要『慎于接物，推贤进士』。司马迁写了这封回信，说明在当时情况下，『推贤进士』是做不到的，表达了他内心的痛苦，以及对封建社会的黑暗和统治者的凶残的愤慨心情。在这封信里，司马迁把自己惨遭不幸的原因和经过进行了叙说。

司马迁在信中说：『事情的原委、底细并不是所有人都容易明白的。以前我和李陵同朝任职，共同出入宫禁，但平时相处并不十分亲密，没有在一块饮过酒，没有深厚的情谊，我只觉得他是有气节的人。他对父母孝敬，与朋友交往守信用，处理钱财廉洁，处世待人讲义气。像他这样的臣子，出入于万死之地而不顾自己的性命，去解救国家的急难，这已经是很难得的了。』

接着，司马迁又把李陵投降匈奴的经过给予详细的记叙：『要知道，李陵所率领的步兵不满五千人，深入匈奴的腹地，抵挡匈奴数万之众的军队，与匈奴单于（古代匈奴对其君王的称呼）连战十余日，杀伤敌人超过汉军的人数。匈奴的君王十分震惊，于是把所有能打仗、能射箭的人都征集来，动用了全国的人马围攻李陵。李陵率军辗转战斗于千里之地，箭射完了，突围的道路没有了，救兵又不到，士兵死尸堆积遍野。然而这时李陵振臂一呼，士卒没有一个不奋勇而起的，人人泪涌，血流满面，又开空弓，冒着白刃，与敌人拼个你死我活。』

在信里司马迁又说：『李陵投降之事已无法挽回了，但在这次战争中和平素他还是有功的。皇上在召见我的时候，我就把这些见解讲了出来，触怒了皇上，被定了污辱圣上的罪名，受了宫刑。』

接着，司马迁愤慨地写道：『我的祖先没有立下汗马功劳，没有免罪的剖符和丹书（帝王发给功臣的文券，凭它可以减免罪刑）。「假令仆伏法受诛，若九牛亡一毛，与蝼蚁何以异？」』意思是：所以假如我伏法受诛，那就像九牛身上失去一根毫毛，和蝼蚁的死亡又有何区别呢？

根据这些记载，后来人们便把『若九牛亡一毛』简化为『九牛一毛』。

力不从心

【成语释义】

形容心里想做，但力量不足。

【典故出处】

《后汉书·班超传》。

【成语故事】

班超，东汉名将，字仲升，扶风平陵（今陕西咸阳东北）人。班超自公元73年（汉明帝永平十六年）奉命率将士三十六人赴西域，经过许多复杂的斗争，终于巩固了汉王朝在西域的统治。汉章帝刘炟初年，北匈奴贵族在西域反叛，班超在疏勒等地坚守，后得东汉王朝的援军，便开始反击，从公元87年（汉章帝章和元年）到公元94年（汉和帝刘肇永元六年），陆续平定了变乱，击败月氏人的入侵，保护了西域各族的安全和丝绸之路的畅通。班超在西域活动长达三十一年，被封为定远侯。

公元100年，当时班超已在西域近三十年，近七十高龄，他便上疏和帝，请求调回故土。汉和帝没有允准，也没再给他回信。这时，班超的妹妹班昭（东汉史学家，亦名姬），任皇后和妃嫔的教师，经常出入宫廷，也上疏和帝，请求让她哥哥回到洛阳。班昭在信中恳切地说：『班超在西域三十年了，现已人快七十，体弱多病，白发苍苍，眼花、耳聋，连走路都要拄拐杖了。「如有卒暴，超之气力，不能从心。」』意思是：如果突然发生暴乱事件，班超的气力，也就不能按照他自己的意愿那样去做了。

汉和帝看了以后，很受感动，这才同意让班超回洛阳。汉和帝永元十四年（公元102年）八月，班超回到洛阳，九月就病死了，年七十一岁。

八面威风

【成语释义】

四面八方全是威风。形容声势显赫，威风凛凛的样子。

【典故出处】

元代郑德辉《三战吕布》。

【成语故事】

元朝末年，朝廷腐败，民不聊生，各地农民纷纷起义，反抗元朝的统治。这时的农民起义军领袖朱元璋已经领兵下安徽和阳，准备继续南下。

这年春节，朱元璋与大将徐达同乘一条小船，从长江北岸渡过长江。船主是一对老夫妻，船夫知道船上坐着的是大名鼎鼎的朱元璋，便高声喊着号子向他庆贺说：『圣天子六龙护驾，大将军八面威风。』朱元璋明白这是祝贺帝王的话，心里非常高兴，便和徐达轻轻地踢着脚，互相表达庆贺之意。

后来，朱元璋统一全国，建立了明朝，成为历史上闻名的皇帝明太祖。明太祖心中高兴，便派人找到当年的船夫，给了他封赏，又将他那只小船涂成朱红颜色，表示有功的意思。

八仙过海

【成语释义】

比喻各自有一套办法或本领去完成任务。

【典故出处】

民间传说。

【成语故事】

有一次，吕洞宾、张果老、曹国舅、铁拐李、韩湘子、蓝采和、汉钟离、何仙姑等八仙在蓬莱阁上聚会饮酒，酒至酣时，铁拐李提议乘兴到海上一游。众仙齐声附和，并说定各凭道法渡海，不得乘舟。

汉钟离率先把大芭蕉扇往海里一扔，袒胸露腹仰躺在扇子上，向远处漂去。何仙姑将荷花往水中一抛，顿时红光万道，仙姑伫立荷花之上，随波漂游。后来，吕洞宾、张果老、曹国舅、铁拐李、韩湘子、蓝采和也纷纷将各自宝物抛入水中，借助宝物大显神通，渡过东海。

三画

三令五申

【成语释义】

表示再三告诫。三、五：不是具体实数，表示多次的意思；申：表达，说明。

【典故出处】

《史记·孙子吴起列传》。

【成语故事】

孙子，名武，是春秋末期著名的军事家，人们尊称他为孙子。孙武本是齐国人，因避乱投奔到吴国，后经伍子胥的介绍在吴国做了将军。他总结作战的经验写成《孙子》十三篇，献给了吴王阖闾。吴王读了他的著作，很满意地说：『您的十三篇，我全都看过了，可以试试练兵的方法让我看看吗？』孙武回答说：『可以。』吴王又说：『可以用妇女来试一试吗？』孙武说：『可以。』于是吴王便从宫中挑选了一百八十个美女交给孙武，孙武把她们分成两队，分别让吴王两个心爱的妃子当队长，又详细地讲解了操练的要求和方法，直到大家都明白了以后，才开始操演。《史记》接着写道：约束既布，乃设钺，即三令五申之。于是鼓之右，妇人大笑。孙子曰：『约束不明，申令不熟，将之罪也。』复三令五申而鼓之左，妇人复大笑。孙子曰：『约束不明，申令不熟，将之罪也；既已明而不如法者，吏士之罪也。』乃欲斩左、右队长。

约束：这里指规定的纪律；钺（yuè）：斧形的刑具；鼓之右：击鼓命令她们向右；不如法：不依照号令；吏士：官兵。

这段话的大意是：孙武宣布了纪律，就设下了执行军法用的斧钺刑具，接着又把纪律反复地交代几遍然后便击鼓传令她们向右，妇女们大笑不止。孙武说：『纪律不明白，告诫命令不熟悉，这是主将的过错。』于是又把纪律反复地讲了几遍，再击鼓传令她们向左，妇女们又是哄笑。孙武说：『纪律不明白，告诫命令不熟悉，是主将的过错，既已经明白，还不依照号令去做，这便是官兵的过错了。』说罢，就要按军法斩左右队长。

在台上观看操演的吴王阖闾，见要杀他的两个爱姬了，大吃一惊，赶快派人下来传令说：『我已经知道将军能够用兵了。我没有这两个爱妾，吃东西都会感觉不到味道。请您不要杀她们吧。』

孙武回答说：『我既然接受命令为将，将在军队里指挥战斗，君主的命令也有不能接受的。』

当即把两个队长斩首示众，另外指定两人当队长。这样一来，再发号令，妇女们向左向右，向前向后，跪下起立等，动作都符合标准，毫无嬉笑喧哗的声响了。于是孙武便派人向吴王报告，说兵已训练好了，随大王怎样使用，即使让她们赴汤蹈火也做得到。吴王终于知道孙武善于用兵，就任命他做了将军。后来，吴国向西打破强大的楚国，攻入郢都；向北威慑齐国、晋国，在诸侯各国中名声显赫。这无疑都有孙武的一份功劳在内。

于是，人们便由这个故事，引出了『三令五申』。

三人成虎

【成语释义】

比喻谣言或讹传一再反复，就有使人信以为真的可能。

【典故出处】

《战国策·魏策二》。

【成语故事】

战国时，各诸侯国经常相互攻伐。有个时期为了使大家能遵守信约，国与国之间常常将太子交给对方做人质。有一年，魏国和赵国签订了和好的条约，魏王要把儿子从京都大梁送到赵国的都城邯郸去做人质，并派大臣庞葱陪同前去。

庞葱深知魏王的脾气，耳朵根最软，容易偏听偏信，担心自己一走，国内那些反对他的人会制造流言蜚语。于是他临行前特意对魏王说：『如果现在有一个人报告大王，说大街上来了一只老虎，大王您相信吗？』魏王回答说：『我不相信。』庞葱又问：『如果有第二个人说大街上有老虎，大王相信吗？』魏王说：『两个人都这么说，我就会半信半疑了。』庞葱再问：『如果第三个人说大街上有老虎，大王能相信吗？』魏王说：『大家都这么说，我只得相信了。』

接着，庞葱感慨地说：『老虎不会跑到大街上来，这是众所周知的。可是经过三个人一说，大街上的老虎就成了真的了。我想邯郸离大梁比宫里离大街要远得多，只怕日后议论我的人还不止三个，请大王仔细考查才行。』魏王点点头说：『寡人心里有数，你放心去吧。』

于是，庞葱辞别魏王上赵国去了。果然，不出庞葱所料，他一走，就有人不断地到魏王面前诽谤他，魏王也相信了。到太子质押期满回国后，魏王就不让庞葱再见他了。

三顾茅庐

【成语释义】

比喻访贤求才或向人求助的迫切愿望和诚挚心情。顾：看望，拜访；茅庐：草房。

【典故出处】

《三国志·蜀书·诸葛亮传》。

【成语故事】

公元207年，刘备客居荆州牧刘表门下的时候，趁曹操北征乌桓的时机，为了壮大自己的力量，在荆州地区四处求访贤才。『三顾茅庐』就是讲述刘备这些活动中的一个生动故事。

刘备字玄德，东汉末年涿郡涿县（今河北涿州）人。他本是西汉景帝之子中山靖王刘胜的后代，因支系疏远，家世没落，到刘备这一代便以织席贩鞋为生。少年时的刘备，就不大喜欢读儒家的经典，而好结交江湖上的侠义之士。刘备虽然读书不多，但他是一个很有政治抱负的人。汉灵帝末年，他在中山（今河北定县）商人张士平等的资助下，并得到河东解县（今山西临猗西南）人关羽（字云长）和同郡人张飞（字翼德）的支持，组织武装，开始发展势力。从此他便走上了辗转南北、力图建立功业的道路。

刘备在荆州访求贤才，听了司马徽和徐庶的介绍，知道诸葛亮（字孔明）是一个既有学问又有才能的贤士，就与关羽、张飞带着礼物，冒着飞雪，到隆中（今湖北襄樊以西二十里），去请诸葛亮出来帮助他打天下。头两次没有见到，第三次诸葛亮才在草堂接待了他们。诸葛亮见刘备确有干一番事业的雄心壮志，而且诚恳地请他帮助，便答应了刘备的请求。

这就是人们传说的『三顾茅庐』。小说《三国演义》中绘声绘色地描写了这一故事情节。见于史料的有诸葛亮在自己写的《出师表》中说：『先帝（指刘备）不以臣卑鄙，猥（wěi）自枉屈，三顾臣于草庐之中，咨臣以当世之事。』

三思而行

【成语释义】

用于劝人好好考虑。三思：多想。三：再三、反复多次。

【典故出处】

《论语·公冶长》。

【成语故事】

春秋时，鲁国大夫季孙行父，即季文子，为人谨慎，凡事『三思而行』——多次考虑以后才决定做不做和怎样做。

一般说来，在干一件事之前，多考虑考虑，然后行动，总是利多弊少。可是孔子并不赞同季文子的这种态度。孔子和季文子生不同时，孔子出生时，季文子已经死去十多年了。孔子对季文子评论道：『没有必要「三思」，只要能「再思」，也就可以了。』

孔子认为只要『再思』就可以的原因，《论语·公冶长》里没有说明。而宋代儒学家程颢、朱熹等的解释是：考虑一两遍，就足以决定；考虑一多，反而要患得患失、疑惑不定了。清朝宦懋庸的《论语稽》说：季文子一生过于谨慎，考虑个人利害太多，这是他『三思』的缺点。

三省吾身

【成语释义】

多次或经常自问。形容经常地虚心自问。省：反躬自问。三：多次。

【典故出处】

《论语·学而》。

【成语故事】

曾子是孔子的得意门生之一。据说曾子为人非常谦虚，善作自我检查。

曾子曰：『吾日三省（xǐng）吾身：为人谋而不忠乎？与朋友交而不信乎？传不习乎？』

这段话的大意是：『我每天要反复检查自己：替人办事没有尽心竭力吗？同朋友往来没有诚实相待吗？

老师传授的学业没有好好复习吗？」

曾子每天这样的自我检查，虽然检查的内容不能说完善，但他的这种精神却值得人们学习。

三十六计，走为上计

【成语释义】

原指第三十六计，以走为一策，后人就演变成在三十六条计中，走为上计。比喻在无计可施时，以走开为妙。

【典故出处】

《南齐书·王敬则传》。

【成语故事】

檀道济是南北朝时宋武帝的开国武将，曾领兵北伐前秦，颇有功勋。宋文帝即位后，檀道济被晋封为『武陵郡公』，拜征南大将军，主管征讨诸军事。在他统帅大军征讨北魏的一次战事中，打了三十多场仗，连连获胜，曾进攻到历城（今山东）一带，只因后方军粮接济不上，才不得不退兵。

当时，檀道济军至历城，军粮不足，准备撤退。宋军中有投降魏军的士兵，把缺粮的事告诉了魏军，并建议趁机追击。魏军就先派密探到宋军营中侦察。檀道济料到敌人这一招，便在晚上故意叫管军粮的人点数军粮，用大批沙子充作米，用斗来量，一边量，一边唱：一斗，两斗……几石，几十石……一袋又一袋的沙子，高高地堆着，而把少量的米散露在上面。魏军的密探把看见的情况回去做了报告，魏军以为宋军军粮有余，便不敢追击，还把投降过去的人处死，说他们是假降谎报的间谍。檀道济于是率领宋军，安全撤回。

虽然檀道济打仗善用计谋，可是，后来有人却说檀道济计谋虽多，最后还是不免败走。如南齐的王敬则说：『檀公三十六策，走是上计。』

大失所望

【成语释义】

形容非常失望。

【典故出处】

《史记·高祖本纪》。

【成语故事】

公元前206年（汉王刘邦元年），汉王率军先于各路诸侯攻破秦都，进驻霸上（古地名，在今陕西西安市东）。秦王子婴素车白马，脖子上系着丝带，捧着皇帝的印和符节，伏在轵道亭（在今西安市东北）旁，向刘邦投降。当时有的将领主张杀掉子婴，刘邦不同意，他说：『对人应该宽大容人，再说已经投降了，又杀掉人家，这不好。』于是便让官吏看管子婴，就率军进入咸阳，他下令把秦宫室中的贵重财宝和府库都封存起来，又率军退驻霸上，秦地的群众，看见汉王的军队纪律严明，不扰百姓，都争着送牛羊酒食慰劳士兵。刘邦却一再谦让不肯接受，说：『我们仓库的粮食很多，并不缺乏，不想再麻烦你们了。』百姓们听后，更加高兴，都担心刘邦不在秦地为王。

两月之后项羽也率军进入咸阳。《史记》写道：

『项羽遂西，屠烧咸阳秦宫室，所过无不残破。秦人大失望，然恐，不敢不服耳。』

这段话的大意是：项羽率军向西挺进，领兵进入咸阳，大肆屠杀，放火焚烧咸阳秦王朝的宫室，所过之处无不遭到严重破坏。秦地的百姓大失所望，然而由于恐惧，又不敢不服从项羽。与刘邦的行为形成鲜明对照。

后来，『秦人大失望』被简化引申为『大失所望』。

大逆不道

【成语释义】

原指犯上作乱，严重地违反了封建道德，现在也指严重地破坏道德规范的言行。逆：叛逆；道：道德。

【典故出处】

《史记·高祖本纪》。

【成语故事】

项羽在历史上曾经是起过作用的。他的最大贡献是在中国历史上第一次农民大起义中，推翻了秦王朝的暴虐统治。特别是在陈胜和吴广的起义军已趋覆灭；楚军的主力已被击破，主将项梁战死；赵国被围困即将破灭，总之，农民起义的形势在逆转，镇压起义军的秦国统治者声势复震，这样的时候，项羽以过人的才气，抱着决死的决心，拼死击溃了秦军主力，完成了陈胜、吴广所没能完成的事业。但在楚汉之争中，项羽仍然失败了。司马迁在《项羽本纪》里讲了四条项羽失败的原因：一是背弃关中，放弃秦地，定都彭城（今徐州市）；二是放逐义帝，自为霸王；三是凭己有的私智，不知师法古人；四是要以武力来统一天下。当然，这是项羽失败的原因，用今天的观点来分析，虽都不是主要的原因，但对于项羽的失败，确有重大关系。比如，公元前205年项羽出了函谷关，就派人把义帝迁徙到长沙郡郴县（今湖南郴县），后又命令黥布等派人将义帝杀死在江南。刘邦就利用这件事，为义帝发丧，号召各路诸侯征讨项羽。对此，《高祖本纪》写道：

三月，汉王从临晋渡，魏王豹将兵从。下河内，虏殷王，置河内郡。南渡平阴津，至洛阳。新城三老董公遮说汉王以义帝死故。汉王闻之，袒而大哭，遂为义帝发丧，临三日。发使者告诸侯曰：『天下共立义帝，北面事之。今项羽放杀义帝于江南，大逆无道。寡人亲为发丧，诸侯皆缟素。悉发关内兵，收三河士，南浮江、汉以下，愿从诸侯王击楚之杀义帝者。』

义帝：战国时楚怀王熊槐的孙子熊心，公元前208年被项羽拥立为楚怀王，公元前206年项羽又尊怀王为义帝，即名义上的皇帝或临时皇帝；三月：即公元前205年（汉王刘邦二年）三月；临晋：即临晋关，在今陕西大荔县黄河西岸；河内郡：治所在今河南武陟县西南；新城：地名，在今河南洛阳市南；三老：古代掌管教育和风俗习惯的地方官吏；遮：拦阻；袒（tǎn）：露出左臂；临：聚众哭丧；缟素：白色的丧服；三河：这里指河南、河东、河内三个郡；江、汉：指长江和汉水。

这段话的意思是：三月间，刘邦率军从临晋关渡过黄河，魏王魏豹带兵投降了汉兵。接着，刘邦又攻下河内，俘虏了殷王司马卬，设置河内郡。再向南进军，渡过平阴津，来到了洛阳。在洛阳南面的新城，掌管教育和风俗习惯的地方官吏把义帝熊心被杀的经过说给汉王听。刘邦听后，袒臂大哭。随即为义帝发丧，公祭三日。同时又派出使者向各国诸侯宣告说：『义帝本是我们大家共同拥立的，向他北面称臣。如今却被项羽放逐、杀死在江南，这是犯上作乱，严重地破坏了道德秩序。我亲自为义帝发丧，诸侯都要着丧服。并将调集关中的全部兵马，征集三河的士兵，顺长江、汉水南下，愿意跟随各诸侯王讨伐杀害义帝的那个人。』

后来，『大逆无道』被引申为『大逆不道』。

大笔如椽

【成语释义】

赞誉写作才能极高，并用来称颂著名的作家和作品。椽：盖房子用的木头。

【典故出处】

《晋书·王珣传》。

【成语故事】

东晋的王珣从小才思敏捷，胆量很大，写得一手好诗文，二十岁时便被大司马桓温聘为主簿。

这一天，为了试王珣的胆量，桓温在大司马府聚会议事的时候，故意骑一匹马，从后堂直冲大厅。幕僚们都吓得惊慌失措，四处躲避，唯有王珣镇定自若，端坐不动。桓温因此感叹说：『面对奔马而能稳坐的，将来一定是个了不起的人！』

为了试王殉的才学，桓温趁幕僚们议事的时候，派人偷偷取走了王殉准备发言的文稿。但轮到王珣发言时，他依然口若悬河、滔滔不绝。桓温拿出他的文稿对照，发现他说的内容与文稿上的相同，但文字没有一句相同。不由对他十分钦佩。

有一天晚上，王珣做了一个梦，梦中有人将一支像椽子那样的大笔送给他。醒来后，他对家里人说：『我梦见有人送我如同椽子那样的大笔，看来有大手笔的事情要我做了。』王珣的预言马上成为事实。就在这天上午，晋孝武帝突然驾崩，由于王珣文笔出众，朝廷要发出的哀策、讣告和孝武帝的谥号等，全交给他起草。这样的殊荣是历史上少有的。

大器晚成

【成语释义】

形容有大才的人成名往往较晚。后来专指人的成就较晚，也用作对长期不得意的人的安慰话。

大器：比喻大才。

【典故出处】

《三国志·魏志·崔毛徐何邢鲍司马传》。

【成语故事】

东汉末年，崔琰（yǎn）先做过袁绍的门客，后又跟随曹操。不管是袁绍还是曹操都很器重他。

崔琰从小爱好武艺，尤其喜欢击剑。直到23岁时才开始拜师求学，攻读《论语》等文章。由于他学习勤奋刻苦，很快也就有学问了。

崔琰在袁绍那里做门客时，见袁绍的士兵非常残暴，常常挖开坟墓让尸体暴露在外。崔琰就劝说袁绍下令士兵不要这样做。袁绍听了很高兴，不仅听从了他的建议，还封他为骑都尉。

崔琰跟随曹操时，担任魏国尚书，有一次，曹操想立曹植为太子，崔琰坚决反对，他说：『自古以来应立长子为太子，所以不能立曹植。』曹植是崔琰的侄女婿，但崔琰并不偏袒自己的亲戚。这一点得到曹操的佩服。

崔琰很有识人的才能。他有个堂弟叫崔林，亲戚朋友都很看不起他，认为他没有名望和成就。崔琰经过仔细观察，觉得崔林很有可能取得成就。他常常对人说：『才能很大的人，有的需要很长时间方能成器，崔林就是这样的人，他将来一定会取得大成就。』

后来，崔林果然当上了冀州主簿、御史中丞，还在魏文帝手下任过司空，做了许多大事。

人们根据这个典故，引申出『大器晚成』。

大放厥词

【成语释义】

指夸夸其谈，大发议论。厥：其他的。

【典故出处】

唐代韩愈《祭柳子厚文》。

【成语故事】

唐宋八大家之一的柳宗元，尤其擅长游记散文。他的散文内容丰富多彩，短篇寓言语言简练犀利，意味含蓄，山水游记形象生动、色彩鲜明，论说文缜密谨严、条理井然，他的诗风更是清朗疏淡、用功精细。

柳宗元死后的第二年，即公元820年，唐朝著名文学家韩愈曾写了《祭柳子厚文》这篇文章，其中用了这样两句来赞扬柳宗元的文采才华：『玉佩琼琚，大放厥词。』意思是文笔秀美，尽力铺陈辞藻，美如晶莹净洁的玉石。『大放厥词』，原是用来赞美柳宗元写出了大量优美的文字，含褒义。现在这个成语的意义和色彩有了变化，常用来讽刺人大发议论，含贬义。

大喜过望

【成语释义】

指某人得到的比原来希望的要好得多，因此心里非常高兴、欢喜。

【典故出处】

《史记·黥布传》。

【成语故事】

秦朝末年，朝廷腐败暴戾，人民处在水深火热之中。陈胜、吴广揭竿而起后，各地纷纷聚众起兵，反抗秦朝。其中有个叫黥（qíng）布（即英布）的人，也聚众数千，打了许多胜仗，逐渐强大起来。秦朝灭亡后，项羽封黥布为九江王。不久，黥布与项羽发生了矛盾。汉王刘邦乘机派使者劝说黥布与汉军站在一边，同楚军作战。可是，打了几个月仗后，黥布的军队被项羽的军队打得大败。黥布无法，只好与汉军使者偷偷来到刘邦的营帐里。

这时，刘邦正在擦洗身子准备入寝，见落败而来的黥布，有心要挫挫他的傲气，于是故意装出满不在乎的样子接待他。黥布见刘邦如此怠慢自己，不禁怒从心来，深悔当初不该听了刘邦的话，与楚军对垒，气得几乎想自杀。

但是，当黥布回到刘邦为他准备的住处时，只见给帷帐、饮食和随从人数与刘邦的一模一样，大大超过了他原来的想象，又不禁高兴异常，心里暗下决心坚决投靠刘邦。于是，他立即派人到九江，将残兵败将数千人收拢起来投入刘邦帐下。以后，他为刘邦冲锋陷阵，立下了许多战功。

大腹便便

【成语释义】

原指饱食终日无所事事，现在多用来形容剥削者的丑态。腹：肚子；便便：肥大的样子。

【典故出处】

《后汉书·边韶传》。

【成语故事】

东汉的时候，陈留郡浚仪县（今河南开封市）有个读书人叫边韶，字孝先，学问很好，闻名乡里，许多青年都去求教于他。因而，他就开办了一个学馆，招收了几百个学生。边韶这个人，口才好，善于诡辩，他教了这么多的学生，但对自己要求不严，懒惰，不爱读书，常常大白天睡觉，懒得连衣服也不愿脱。他的学生就在背后编顺口溜讥笑他：『边孝先，腹便便。懒读书，但欲眠。』意思是：我们的边先生啊，肚皮大大的；不爱读书，成天只想睡觉。

这几句顺口溜，三传两传地便让边韶知道了，他不但没有生气，还马上回答说：『边为姓，孝为字。腹便便，五经笥。但欲眠，思经事。寐与周公通梦，静与孔子同意。师而可嘲，出何典记？』

笥（sì）：装饭或衣物的方形竹器；周公：指西周时周文王的第四个儿子姬旦，周武王姬发的弟弟，周武王死后，辅佐年幼的成王，管理国事。这段话的意思是：边是我的姓，孝是我的字。我的肚皮大，是装着五经的竹箱子；想睡觉，是在思考五经的事；就是睡熟了在梦中也在和周公商量事情，安静的时候和孔子的心意是相通的。老师都可以嘲笑吗？出自哪家的典记？

短短的几句话，可以看出边韶既懒而又不虚心，他的回答，实际上是诡辩，明明是肠肥肚大，他硬要自解为『五经笥』；明明是贪睡，懒得出奇，却硬要美化为『思经事』。

根据这个故事，后来人们就引出了『大腹便便』。

大公无私

【成语释义】

比喻一切为事业和人民群众利益着想，毫无私心。

【典故出处】

《吕氏春秋·去私》。

【成语故事】

晋平公在位的时候，南阳这个地方缺个长官。平公问大夫祁黄羊：『你看，谁可以去担任这个长官？』祁黄羊说：『解狐可以。』

平公很惊奇，问他：『解狐不是你的仇人吗？你干吗要推举他呢？』祁黄羊坦然地说：『大王您问我的是谁可以胜任长官，并没有问谁是我的仇人啊！』

于是，晋平公就委任解狐为南阳长官。解狐到任后，为群众办了不少好事，百姓一致称赞他的业绩。

过了些时候，晋平公觉得朝廷里还需要增加一个中军尉，又问祁黄羊：『你看，谁可以去担任？』祁黄羊说：『祁午可以胜任。』

晋平公更奇怪了：『祁午是你的儿子啊，你推荐他，不怕别人说闲话？』祁黄羊仍坦然地回答：『大王问的是谁可以做法官，并没有问祁午是不是我的儿子。』

祁午当上中军尉后，果然能秉公执法，办了一些除害兴利之事，也受到老百姓的称赞。

这两件事孔子知道了，他高兴地赞道：『善哉，祁黄羊之论也，外举不避仇，内举不避子，祁黄羊可谓公矣。』意思是：好得很！祁黄羊推荐人才，外举不避私人仇怨，内举不避亲生儿子之嫌，真是大公无私啊！

门庭若市

【成语释义】

比喻门前和院子里来往进出的人很多。庭：院子；若：好像；市：集市。

【典故出处】

《战国策·齐策一》。

【成语故事】

战国时期，齐国有一位著名的政治家叫邹忌，后来他被齐威王任为相国。

邹忌不仅才学好，人也长得很英俊。一天早上，他对着镜子穿好衣服，戴好帽子，就问站在旁边的妻子说：『我与那住在城北的徐公哪个漂亮？』妻子赞美地回答说：『你漂亮，徐公不如你。』

徐公是名闻齐国的美男子，邹忌不相信自己比徐公还漂亮。于是又去问他的爱妾：『你看，我与徐公哪个漂亮些？』爱妾也说徐公比不上他美。

第二天，有位客人来访，邹忌又向客人提出这个问题，客人也同样说：『徐公哪有你漂亮呀！』

又过了一天，徐公到邹忌家来了，邹忌把徐公仔细地打量了一番，相比之下，感到自己不如徐公漂亮。

徐公走后，他又对着镜子照了照，更觉得自己比不上徐公，心中不禁产生疑问：妻、妾、客人为什么都说自己比徐公美呢？

邹忌为这件事白天想，晚上想。他想了又想，终于悟出了一个道理：『吾妻之美我者，私我也；妾之美我者，畏我也；客之美我者，欲有求于我也。』意思是：妻子说我漂亮，是对我有偏爱；妾呢，她是怕我的，所以也说我漂亮；至于那位客人当面捧我，那是因为他有求于我嘛！

次日，上早朝时，邹忌见到齐威王，便把自己家里发生的这件事和自己的想法向他讲了。邹忌从这件事又联系当时齐国的朝政，进而劝谏齐威王说：

『大王，如今我们齐国有纵横千里的土地，有一百二十多座城邑。您宫中的美人姬妾没有不偏爱大王的；朝廷里的大臣官吏，没有一个不怕您的；全国乃至邻国的人，没有不想求助于您的。这样看来，大王您可能受到的蒙蔽，就会更多啊！』

齐威王听了，觉得邹忌讲得很有道理，接着他就向全国发出一道命令：『不论臣子官吏，还是普通老百姓，凡是能当面指责我的过错的，给上等奖；能上疏提出规劝的，给中等奖；敢于在街头巷尾公开议论我的过失，传到了我的耳朵里的，给下等赏。』

这道命令一宣布，『群臣进谏，门庭若市』。大臣官吏争着进宫向威王提意见，门口和庭院里更是挤满了人，热闹得像集市一样。可这种情况只有几个月，大家把意见说完了，进谏的人就少得多了。等到过了年，即使有人很想提点意见，也找不出意见可提了。

正由于齐威王敢于广开言路，虚心听取各方面的批评意见，齐国因此逐渐强盛了起来。齐国没有用兵动武，周围的邻国燕、赵、韩、魏，都臣服于齐国。

根据这个故事，后来人们引出了『门庭若市』。

门可罗雀

【成语释义】

比喻门庭冷落。罗雀：拉网捕雀。

【典故出处】

《史记·汲郑列传》。

【成语故事】

汉武帝时，汲（jí）黯（àn）和郑当都是当时著名的贤臣。当他们位列九卿，权势正盛的时候，许多人都来为他们捧场，前来拜访的客人多得很。后来，他们相继丢了官，家里贫穷了，很少有人再去拜访，『热门』就变成『冷门』了。

《史记》的作者司马迁在写完他们两人的传记之后，愤然写道：『像汲黯、郑当这样贤良的人，有势力的时候，客人很多，没有势力了，就截然不同。翟公（当时一位不知名字的人）曾经说过，当他做廷尉的时候，客人挤满了门庭；等到丢了官，『门外可设雀罗』，后来，他恢复了官职，有些阿谀奉承之徒又想去找他，他就在门上写了这样几句话：「一死一生，乃知交情；一贫一富，乃知交态；一贵一贱，交情乃见。」汲黯和郑当也经历了这种遭遇，实在可叹。』

后来人们就把『门外可设雀罗』简化成『门可罗雀』。

千金买骨

【成语释义】

比喻求贤若渴，不惜付出重大的代价。

【典故出处】

《战国策·燕策一》。

【成语故事】

战国时期，齐国趁燕国发生内乱之机，把燕国打得大败。燕昭王继承王位后，一心想招纳贤士，振兴国家，收复失地，报仇雪耻。一天，昭王亲自登门去拜访当时的名士郭隗（wěi），询问他挑选人才的好办法。郭隗没有直接说出自己的看法，先给昭王讲了这样一个故事——

从前，有个国君，很想得到一匹千里马，不惜千金高价征求。可是等了几年，也没征得一匹。这时，他的一个侍臣自告奋勇，愿带上千金重币去征买千里马。国王同意了。

这个侍臣四处奔走，三个月以后回到国都，把自己花五百金买来的一匹千里马的头骨献给了国王。国王大发雷霆地斥责道：『我要买的是活马，死马有什么用呢？这不是白白浪费了五百金吗！』那个侍臣不慌不忙地解释说：『大王，您不是要买千里马吗？可是多年来没有牵来一匹，这并不是世上没有千里马，而是人们对您真的会出高价根本就不相信。现在您肯出五百金买死了的千里马，那么天下的人就会知道您是真心了。这样，千里马很快就会有人自动送来的。』果然，不到一年，这位国君，就连得了好几匹千里马。

郭隗讲完这个故事说：『大王真要招贤纳士，可从我开始。人们看到连我这样的人都被重用了，比我更有才能的人，就会找上门来。』昭王觉得很有道理，就重用了郭隗，为他修筑了官邸，并筑台拜他为师。消息一传开，军事家乐毅从魏国来，学问家邹衍从齐国来，政治家剧辛从赵国来，大批有才能的人，陆续来到燕国。燕昭王依靠这些人，经过二十多年的努力奋斗，终于使国家强盛起来，打败了齐国，收复了失地。后来人们根据这个故事，引申出了『千金买骨』。

千载难逢

【成语释义】比喻机会难得与可贵。载：年；逢：遇到，遇见。

【典故出处】韩愈《潮州刺史谢上表》。

【成语故事】韩愈，字退之，河南河阳（今河南孟州）人，唐代著名文学家、古文运动的领袖。他是出身贫寒的知识分子，刻苦求学，唐德宗贞元年间中进士，经过许多挫折，在唐宪宗时做到刑部侍郎。

唐宪宗在位时，正是唐王朝自安史之乱以后，中央统治权力日趋削弱的时期。由于宪宗能够听取朝臣们的一些意见，改革了一些前朝的弊政，朝政的景况有所好转。但是，宪宗一直想着能『长生不老』，虔信神佛，尊崇方士，寻求长生不老之药。传说凤翔县（在长安西北）法门寺的一座塔内藏有一节指骨，是释迦牟尼的遗骨，称为『佛骨』。宪宗隆重地把『佛骨』迎进长安皇宫供奉，又送出去公开展览，轰动长安。

韩愈是儒家忠实信徒，封建正统的拥护者。他反对佛教迷信，称之为『夷狄之法』。认为托佛求福是妄想，只能大量靡费国家财富。于是，他写了一篇《论佛骨表》呈给皇帝，说东汉以来，信佛的天子都短命，『乞以此骨付之有司，投诸水火，永绝根本』。这大大激怒了宪宗，要将他处死。经多人说情，才贬到远离京城八千里充塞着恶雾毒瘴的潮州（今广东潮安）去作刺史。经过这个打击，韩愈的思想发生了动摇。他知道，要想达到生还的目的，必须彻底改变原来的态度，必须把直言无忌的态度变为恭顺从命，才有可能得到恩赦，免除放逐的命运。他到潮州后，立即献给皇帝《谢上表》。在这封《谢上表》里，他转了一百八十度的弯，承认自己『狂妄戆愚，不识礼度』，表示忏悔。接着，又推崇宪宗的『巍巍治功』，恭维他是一个旋转乾坤的中兴之主。建议他定乐章，告神明，『东巡泰山，奏功皇天』，举行封禅（古代帝王登泰山祭天地的一种最隆重的典礼）大典。他说：『当此之际，所谓千载一时不可逢之嘉会』（意思是：这样的『封禅』典礼是那么隆重，那么严肃，真可以说是一千年也难遇到的机会）。可惜自己有罪放逐不能参加，表现出一副乞怜讨好的面孔。

根据韩愈《谢上表》里的话，人们把『千载一时不可逢』简化成『千载难逢』。

千变万化

【成语释义】

比喻事物变化多端、纷繁复杂。千、万：均形容非常之多。

【典故出处】

《列子·周穆王》。

【成语故事】

西周的时候，有一次周穆王带着一些人，从王都镐京（今陕西西安附近），到西部地区去巡视和狩猎。他们越过昆仑山，到达弇（yǎn）山，在返回途中，遇见了一位民间的能工巧匠，名叫偃（yǎn）师。穆王问过他的情况后，又问他有什么本领。偃师回答说：『君王您叫我造什么，我就可以造什么。现在我已经造了一些东西，请您看一看好吗？』穆王表示：『改天再来，我们和你一起看吧！』

于是第二天，偃师带着他造的能歌善舞的假人，去拜见周穆王。周穆王惊奇地看见这些假人，在偃师的操纵下开始动了起来：它们唱出的歌很合乎旋律；跳起舞来动作很有节奏，很优美。穆王越看越高兴，便把宫里的歌女也招来观看，大家看着这『千变万化，唯意所适』的奇异情景，赞叹不已。穆王称赞偃师说：『真巧啊，这可以同创造万物的老天爷相比啦！』

根据这个故事，后来人们便把『千变万化』引申为成语。

千里送鹅毛

【成语释义】

比喻礼物虽轻，但情意深厚。

【典故出处】

明代徐渭《路史》。

【成语故事】

相传，唐朝时候，有个边远地区的官吏，派了一个叫缅伯高的人进京向皇帝进贡天鹅。这人途经沔阳湖，天热，他想给天鹅洗洗，不料手刚一松，天鹅便展翅飞去了，只落下了一根鹅毛。缅伯高拾起这根鹅毛，心里犯难：就这样回去吧，失了贡礼，是要问罪的。于是他便带上这根鹅毛来到京城，向皇帝献上鹅毛，并口吟诗句，说明苦衷、原委：

将贡献当朝，山高路远遥。
沔阳湖失去，倒地哭号号。
上复唐天子，可饶缅伯高。
礼轻人意重，千里送鹅毛。

宋代苏轼在《扬州以土物寄少游》诗中，也有『且同千里寄鹅毛，何用孜孜饮麋鹿』的诗句。后来人们便由此引出了『千里送鹅毛』或『千里鹅毛』。

千锤百炼

【成语释义】

比喻对诗文等作品反复、精心地修改；也比喻经历了多次艰苦斗争的磨炼和考验。锤、炼：打铁炼钢，除去杂质。

【典故出处】

晋代刘琨《重赠卢谌》诗。

【成语故事】

刘琨，字越石，中山魏昌（今河北省无极县东北）人。刘琨是一个贵族阶级的爱国者，他的理想是匡扶晋室。晋怀帝永嘉元年（307年）他出任并州刺史，愍帝建兴二年（314年）拜大将军，建兴三年又官至司空。曾多次和刘聪、石勒作战，守山西数十年，后被幽州刺史段匹所杀，年仅四十八岁。刘琨在重赠自己的僚属卢谌（字子谅，曾做刘琨的主簿）一诗中，将自己扶助晋室的抱负和功业未成的感慨作了抒发。全诗三十句，后八句是：

时哉不我与，去乎若云浮。

朱实陨劲风，繁英落素秋。

狭路倾华盖，骇驷摧双辀。

何意百炼钢，化为绕指柔！

若云浮：比喻时光流逝很快；朱实：红色的果实；陨：落；素秋：霜天，秋天；盖：车篷；驷：四匹马驾的车；辀（zhōu）：车辕。

这几句诗的大意是：时间是不等待我的，像浮云一般地流逝过去了。红色的果实和繁茂的花朵，都为深秋的劲风所摧落。在狭路上惊马翻了车，折断了双辕。没有想到经过千锤百炼的钢，如今却变得像能缠绕在指头上那样柔软。

刘琨借这几句诗来抒发自己命运坎坷、功业未建、壮志未酬的悲愤之情。

后来，『何意百炼钢，化为绕指柔』这两句诗，被简化引申为『千锤百炼』。

才高八斗

【成语释义】

比喻才华出众。才：才华，文才；斗（dǒu）：古时量具。

【典故出处】

《三国志·魏书·陈思王植传》和《释常谈·八斗之才》。

【成语故事】

曹植，字子建，是三国时曹操的四儿子，自幼聪明伶俐，曹操非常喜爱他。到十岁的时候，曹植不仅能诵读诗文及辞赋数十万字，而且诗赋、文章写得也不错了。公元210年，曹操在邺城（今河南安阳附近）建造了一个用于军事目的的十丈高台——铜雀台。落成那天，曹操率领儿子们观赏，当着文武百官的面，要他们各自作一首赋，曹植挥笔立成，作得最快，作得最好。

到公元220年，曹操病死，曹丕继位，他害怕『怀才抱智』的弟弟同他争夺权位，便把曹植叫来，对他说：『昔日先父在世之日，你常以文章夸耀于人，今天你必须在走十步路的时间里，作诗一首，要是作不出来，就处以极刑。』曹植请出题目。当时殿上悬挂着一幅牛坠到井里死了的画。曹丕指着画说：『就以此画为题，诗中不许犯着「二牛斗墙下，一牛坠井死」的字样。』曹植走了不到十步，就把诗作了出来：

两肉齐道行，头上带凹骨；
相遇凸山下，歘起相搪突。
二敌不俱刚，一肉卧土窟；
非是力不如，盛气不泄毕。

曹丕见没难倒曹植，又进一步逼他说：『十步成诗，不足奇，你能在七步之内，吟诗一首，才算数。』曹植又请出题。曹丕说：『我与你是兄弟，就以此为题，但不可犯着「兄弟」的字样。』曹植昂然前行，应声悲愤地吟诵道：

煮豆燃豆萁，豆在釜中泣。
本是同根生，相煎何太急！

诗的大意是：豆煮在锅里，豆萁在锅下燃烧，豆粒在锅中抽泣；我与你本是同根生长，为什么要加急煎熬，一点也不相让啊！

魏文帝曹丕听了，霎时，脸上现出羞愧之色。

这就是有名的曹子建的七步诗，曹植因此更负盛名。在魏晋南北朝时期，一些著名的作家、评论家，都以他为文学创作的范例。南朝，有个叫谢灵运的人，他的诗写得很好，平生也最自负。一天，他在读了曹植的《七步诗》和其他诗文后，不禁拍案叫绝，连声赞叹地说：『天下才有一石（十斗），曹子建独得八斗，我得了一斗，自古及今共一斗。』

后来，谢灵运的话慢慢地传开了，人们就把它引申为『才高八斗』。

万紫千红

【成语释义】

形容事物的美好，丰富多彩，生机勃勃；也用来比喻形势繁荣兴旺，一片大好。

【典故出处】

南宋朱熹《春日》诗。

【成语故事】

朱熹，字元晦，宋代徽州婺（wù）源（今江西婺源县）人。宋高宗绍兴十八年（公元1148年），曾任秘阁修撰等职。朱熹是南宋著名的理学家，他不仅广注典籍，而且在经、史、诗、文方面也很精通，取得了一定成就。在一个风和日丽的春日，朱熹信步走到山东泗水边上，去踏青赏春。一路之上，春风阵阵，百花盛开，到处呈现着一派春色。一时兴起，便把自己的感受成诗一首，题为《春日》。全诗共四句：

胜日寻芳泗水滨，无边光景一时新。

等闲识得东风面，万紫千红总是春。

胜日：天气晴朗的日子；芳：花草；寻芳：游春踏青的意思；泗水：河名，在今山东泗水县；光景：风光景物；等闲：随便；东风：春风；万紫千红：百花盛开；总是：都是；春：春光。

诗的大意是：在那天气晴明的春日里，到郊外去踏青赏花，来到了泗水河边，眼前那无边无际的风光焕然一新。无论走到哪里，随便都能领略到春风的功力，它点染而来的春天，到处都是万紫千红的百花。

后来，人们便把『万紫千红总是春』这句诗，简化引申为『万紫千红』。

万籁俱寂

【成语释义】

比喻环境幽静。万籁：指自然界的一切声音；寂：寂静无声。

【典故出处】

唐代常建《题破山寺后禅院》诗。破山寺：即兴福寺，在今江苏常熟的破头山上，故又名破山寺。

【成语故事】

常建，是唐代长安（今陕西西安市）人，公元727年（唐玄宗开元十五年）中进士，仕途中很不得意，直到四十年以后的大历年间，才做个县尉（县令的助手，管治安）。一生漫游了许多山川名胜，写下了一些描写自然风光的田园诗。有一年，常建游览江苏常熟的破山寺，在寺院幽静的环境里写了这首《题破山寺后禅院》五言律诗。全诗共八句：

清晨入古寺，初日照高林。
竹径通幽处，禅房花木深。
山光悦鸟性，潭影空人心。
万籁此俱寂，但余钟磬音。

初日：旭日；高林：参天古树；禅房：和尚居住的地方，寺庙的后院；潭：水潭；空：消除；磬（qìng）：和尚念经时敲击的乐器。

诗的大意是：清晨我来到了古老的破山寺，旭日东升，照耀着寺院里参天的树木。竹林中有一条通向幽静的后院的小路，禅房就在那茂密的花草树木的深处。这幽雅的风光使得飞鸟怡然自得，水潭里映照出清澈的水影，更促人忘了心中的种种杂念。这里没有任何音响，只留下古寺中和尚们念经时敲击钟和磬的声音。

后来，人们便把『万籁此俱寂』这句诗，简化为『万籁俱寂』。

万无一失

【成语释义】

形容非常有把握，绝对不会出差错。失：差错。

【典故出处】

西汉枚乘《七发》：『万不失一』；也见于《史记·淮阴侯列传》。

【成语故事】

韩信在战败并击杀了项羽手下的将领司马龙且后，全部俘虏了号称有二十万的楚军士卒。这样一来，也使项羽感到恐惧，就派武涉去游说韩信与楚讲和，共同反汉，以三分天下。韩信以汉王刘邦对自己亲近而信赖为由，拒绝了项羽的使者，表达了他忠于汉王，至死也不变的决心。

武涉游说失败后就走了，齐国的著名辩士蒯通知道韩信决定着当时的天下，打算用计策打动韩信，让他能与刘邦、项羽三分天下，鼎足而立。于是，蒯通就假托给人看相来游说韩信。当韩信问他，你看相采取什么方法时，蒯通回答说：『贵贱在于骨法，忧喜在于容色，成败在于决断，以此参之，万不失一。』意思是：人的贵贱在于骨骼，忧喜在于面色，成功与失败在于决断，从这三个方面加以参酌，结果就非常有把握，绝对不会出差错。

接着，蒯通分析了刘项二家的形势和处境，要韩信不要失去了行动的时机，不然就会反遭祸殃。这次游说，仍然没有成功。

万寿无疆

【成语释义】

用来祝福健康长寿。万：多，长；疆：界限；无疆：无尽头。

【典故出处】

《诗经·豳风·七月》。

【成语故事】

《七月》是一首具体描绘被剥削农奴的生活图景的诗篇。诗中表现了两种生活的对比：农奴们一年忙到头，男的种地、打猎、酿酒、凿冰、修缮房屋，女的采桑养蚕、纺织缝制，而他们的劳动成果却全被剥削者所占有，自己只能吃野菜、住破屋，连粗布衣服也穿不上；剥削者却过着夏绸冬裘、酒醉肉饱的奢侈生活。全诗共八章：第一章写农奴从岁寒到春耕的苦难情景；第二章写女农奴的蚕桑劳动；第三章写为剥削者制作布帛衣料；第四章写秋后为剥削者猎取野兽；第五章写农奴们修补自己的破房子的场景；第六章写剥削者与被剥削者两种生活天壤之别；第七章写农闲时农奴还得替主子干活；第八章写寒冬农奴们就为主子储冰防暑和准备年终宴会。诗的第八章是：

二之日凿冰冲冲，三之日纳于凌阴。四之日其蚤，献羔祭韭。九月肃霜，十月涤场。朋酒斯飨，曰杀羔羊。跻彼公堂，称彼兕觥，万寿无疆！

冲冲：凿冰声；凌阴：冰窖；蚤：『早』的古字，是一种祭祖仪式，于每年二月初一举行，因以十一月为岁首，四之日因此是夏历的二月，周人又兼用夏历，下面的九月等即为夏历；朋酒：成双成双的酒樽；飨：同『享』，享用；跻（jī）：登上；兕（sì）觥（gōng）：兕牛角制成的大型酒杯。

这章诗的大意是：十二月凿冰冲冲响，正月抬冰往冰窖里藏。二月取水来上祭，献上韭菜和羔羊。九月里下霜，十月便扫场。捧上两樽酒，杀上一只羊，主子们登上公堂，牛角酒杯高举起，祝福一声『万寿无疆』！

万死不辞

【成语释义】

虽然有一万次死也不推辞，表示愿意拼死效劳。

【典故出处】

《三国演义》第八回。

【成语故事】

东汉末年，九岁的献帝即位，董卓自立为相国，此人凶残奸诈，在他统治下，政治腐败，民不聊生。

董卓有个义子名叫吕布，骁勇异常，帮助董卓干了不少坏事。一日，董卓宴会文武百官，吕布忽然进来与董卓耳语几句。董卓一声冷笑，吕布便将大臣张温拉出。片刻，侍从把盛着张温人头的红盘托上，董卓笑道：『张温要害我，我命吕布把他杀了。』众人吓得魂飞魄散。

老臣王允当时也在座，眼看老友被害，悲愤万分。回到府中，长吁短叹，直到夜深人静仍在后花园徘徊。这时茶几架旁传出女子的叹息声，王允循声望去，原来是养女貂蝉。王允问她为何悲伤？貂蝉说：『见大人为国事烦闷，内心不安。』王允看了她半晌说：『董卓吕布狼狈为奸，我想用美人计离间他们，除掉董卓，不知你可愿意？』貂蝉垂泪道：『承蒙大人恩惠抚养，为我训习歌舞，并以礼相待。我虽然粉身碎骨，也不能报答万一。近来见大人双眉紧锁，知道必定是为国事操心，所以心中忧伤，但不敢询问。今晚又见大人行坐不安，因此也长吁短叹起来，想不到被大人发现。如果大人有用我的地方，我一定效力，虽万死也绝不推辞。』

第二天，王允设美酒佳肴宴请吕布。吕布刚坐定，貂蝉盛装走出。吕布大惊，不觉神魂颠倒。临别时王允答应将貂蝉许配给吕布为妻，择个吉日，亲自送到府中。过了几天，王允又请董卓到家中赴宴。席上，各种珍贵菜肴罗列齐备，貂蝉领一队歌女，轻歌曼舞。董卓高兴得飘飘然，已不知身在何处。歌舞结束了，董卓命貂蝉近前，仔细观看，真是美若天仙，便问王允：『此女何人？』王允说：『是我府中养女，大人如不嫌弃，就请带回府上侍奉您吧！』董卓大喜，便将貂蝉带了回去。

一连几天，吕布在家中等候貂蝉，却一直不见送来。这一日，他进相国府找董卓，忽见貂蝉在董卓卧室梳头，不觉大惊。那貂蝉故意紧锁双眉，用手帕擦泪。董卓进来，吕布只好溜出去了。吕布越想越气，直奔王允家中，一把揪住王允大叫：『为何把貂蝉送给董卓？』王允故作惊讶道：『将军难道不知，董太师亲自接貂蝉去与你成亲了呀。』吕布无话可说，骂着董卓走了。吕布一心想着貂蝉，乘董卓不在，溜进董府花园与貂蝉相会，谁知董卓恰好回来撞见，一怒之下，赶上去要杀吕布，吕布赶忙逃走。

吕布回到家中，王允来访，吕布将见貂蝉的事告诉了王允。王允故作大惊说：『董太师定会杀你！』吕布也惊慌起来。王允乘机道：『何不先下手为强？』吕布咬牙说：『不杀董卓，誓不为人！』王允见时机成熟，便召集旧大臣密谋。他们假传圣旨，说天子要让位于董卓。等董卓一进宫门，埋伏的武士便一拥而上，吕布举戟直刺董卓咽喉。董卓尸体在长安街头示众。

口若悬河

【成语释义】

形容口才好，能言善辩，讲话滔滔不绝，像激流倾泻一般。悬河：激流倾泻。

【典故出处】

《世说新语·赏誉》；也见于《晋书·郭象传》。

【成语故事】

西晋的时候，有一位著名的清谈家叫郭象，号子玄。郭象在幼年时，就肯动脑筋想问题，特别是对于日常生活中的一切现象，肯下功夫思索它的道理。后来，他喜欢研究老子和庄子的学说，由于研究得精深，很有些独到见解。当时，许多人慕名请他去做官，他一概辞掉了，隐居家里终日以研究学问和谈论空洞玄妙的哲理为最快乐的事情。最后他勉强应邀做了东海王司马越的太傅主簿。由于郭象知识很丰富，善于说话和辩论问题，能把事情的道理讲得明明白白，又喜欢发表自己的见解，当时清谈家的首领太尉王衍称赞他说：『听象说，如悬河泻水，注而不竭。』意思是：郭象的言辞好比悬在山上的河流泄水，直往下注，从来没有枯竭的时候。

根据这个故事，『如悬河泻水，注而不竭』，被简化引申为『口若悬河』。

口蜜腹剑

【成语释义】

比喻言行不一，嘴甜心毒的两面派。口蜜：嘴上说得很甜；腹剑：肚里打着害人的坏主意。

【典故出处】

《资治通鉴·唐纪》。

【成语故事】

唐朝天宝年间，唐玄宗李隆基在位初期，社会政治、经济比较稳定。可是到了后期，李隆基日益骄奢昏庸，把政事完全托付给宰相李林甫去掌管。

李林甫为人阴险奸诈，惯于妒贤嫉能，排斥、打击不附和他的人。当时，朝里有个叫严挺之的中书侍郎，很有才干，只是因为流露过对李林甫为人的鄙薄，李林甫就在玄宗跟前加以中伤，把他贬斥到洛阳去做刺史。过了一段时间，唐玄宗忽然又想起了严挺之，打算重新召他回朝，就问李林甫说：『严挺之现在哪里，这也是个人才啊！』李林甫就假报情况，对玄宗说：『严挺之已年老力衰，还得了风湿病，难以委任重职。』唐玄宗叹了口气，只得打消了这个念头。

朝里的左相李适之，性情比较直爽，也受到李林甫的猜忌。但是，李适之没有看透李林甫那种表面上装得很厚道、和善，说起话来甜言蜜语的狡诈本质。有一次，他对李林甫说的『华山附近有金矿，开采出来国家就可富裕，但皇上不知道』信以为真，就在上朝时报告了唐玄宗。玄宗就问李林甫有没有这回事，李林甫回答说：『这事臣早就知道，只因为华山是陛下的根基、王气所在，不能开采啊！』玄宗听了，觉得李林甫处处为皇室着想，十分高兴；转而就斥责李适之处事轻率，从此对他就日益疏远。李适之遭李林甫的暗算，弄得像哑巴吃了黄连，有苦说不出来。但他也确实看清了，李林甫真是个『口有蜜，腹有剑』的人。

后来人们就把这句话简化成『口蜜腹剑』。

飞扬跋扈

【成语释义】

原意指意气举动越出常轨，不受约束；后来用来比喻骄横放肆，目中无人。飞扬：放纵；跋扈：蛮横。

【典故出处】

唐代杜甫《赠李白》诗。亦见于《北史·齐高祖纪》：『景（侯景）专制河南十四年矣，常有飞扬跋扈志。』

【成语故事】

李白天资绝高，性格清奇，嗜酒如命，诗才如仙，自号青莲居士，人称李谪仙。有一次，在湖州（今浙江省内）酒楼饮酒，醉后高歌，旁若无人，恰好湖州司马由此经过，听见歌声派人询问，李白随口答诗道：『青莲居士谪仙人，酒肆逃名三十春，湖州司马何须问，金粟如来是后身。』

天宝元年（公元742年），李白与道士吴筠共同隐居在今浙江曹娥江上游的剡中地方，吴筠奉召入京见到唐玄宗，便乘机向玄宗推荐李白，再加上玄宗已出家为道士的妹妹玉真公主久闻李白的诗名，也支持李白来长安做官。于是唐玄宗三次下召李白入京。李白也自认为这是实现政治抱负的好时机，便告别了家中妻儿，非常高兴地来到了长安。

初到长安时，李白受到了玄宗特殊的优遇，做了翰林供奉（也叫学士）。在召见时，唐玄宗亲自下辇步迎，并经常询问他一些国家大事，让他起草诏书等。可是，李白在长安待了不到三年，由于杨贵妃等玄宗身边的一些人说李白的坏话，自己深感到在朝中待不下去了，便辞官回乡，又开始了他在各地的漫游生活。

天宝三年（744年），李白离开长安到洛阳。这时候，杜甫也在洛阳，于是诗仙李白和诗圣杜甫终于见面了。当时杜甫三十三岁，李白比他大十一岁，二人结为好友，一起游历，饮酒赋诗，他们先后到过梁（今河南开封）、宋（今河南商丘）、齐（今山东济南）。这年秋天，杜甫写了一首七绝诗《赠李白》，记叙了他们二人怀才不遇，无可奈何地只得终日痛饮狂歌的心情。全诗共四句：

秋来相顾尚飘蓬，未就丹砂愧葛洪。

痛饮狂歌空度日，飞扬跋扈为谁雄。

诗的大意是：秋天来到了，我们二人还是像随风滚动的蓬草在外流浪。李白啊，你的长生丹药也没有炼成，真有些对不起炼丹的祖师爷葛洪了。我们只是痛饮狂歌虚度时光，这样毫不受约束、满不在乎到底是为了什么呢？

后来，人们把『飞扬跋扈为谁雄』简化为『飞扬跋扈』。

飞蛾扑火

【成语释义】

比喻自取灭亡。飞蛾：昆虫，多在夜间活动，常飞向灯光；扑：冲向。

【典故出处】

《梁书·到溉传》。

【成语故事】

到溉（gài），是梁朝人，他的孙子到荩（jìn）聪颖刻苦，自幼就能诗文。有一次，梁武帝萧衍看到了荩写的诗文，很赞赏，便同到溉开玩笑说：『荩定是才子，翻卿从来文章假手于荩！』说罢，又即兴写了一首『连珠』（古时一种诗体）给他，其中前四句是：

研磨墨以腾文，笔飞毫以书信。

如飞蛾之赴火，岂焚身之可吝。

研：同砚；腾：传播，书写；飞蛾：这里借指砚台和毛笔。

这四句诗的大意是：砚台磨出墨汁来写字，飞动起毛笔的毫锋来写书信、文章。这毛笔、砚台就像是飞蛾投火一样，自己毁掉了身子也毫不吝惜。

根据这个故事，后来人们从后两句诗引出『飞蛾投火』或『飞蛾扑火』。

飞短流长

【成语释义】

散播谣言，中伤他人。亦作『蜚短流长』。飞、流：散布；短、长：指是非、善恶。

【典故出处】

清代蒲松龄的《聊斋志异·封三娘》。

【成语故事】

从前有一个美女，名叫范十一娘。一次，在庙会上她见到一个漂亮女子封三娘，两人谈得非常投机，相约到范家去玩。但是，到了约定的时候，封三娘并没有去。范十一娘等人不见，害了一场病。后来，范十一娘巧遇了封三娘，谈起了失约之事。封三娘对她说：『你家富裕，我家贫贱。要来，我只能偷偷地来，不要让闲人知道，飞短流长难听。』

范十一娘心里也清楚：这看似是怕人说她攀权附势，实则是逃避世俗看待女人和女人的感情。

飞黄腾达

【成语释义】

比喻一些人的地位提升得很快，多取贬义。

【典故出处】

唐代韩愈《符读书城南》诗。

【成语故事】

韩愈自幼贫穷孤苦，刻苦自学，终成为一个精通六经百家之学的大学者。他不仅是个政治家、文学家，而且也是一位十分重视学习的教育家。他在《师说》这篇散文里，以简洁流利的文笔，论证了『人非生而知之者』，圣人所以成圣人，愚人所以成愚人，关键就在于是否善于向人学习。同时他还颇有创见地提出了：人不论贵贱长少，只要有值得学习的地方，就可以拜他为师；明确地提出『弟子不必不如师，师不必贤于弟子』。韩愈为勉励和说明学习的重要，曾给他的儿子韩符写过一首长诗《符读书城南》。诗中有这么一段：

两家各生子，孩提巧相如；

少长聚嬉戏，不殊同队鱼。

年至十二三，头角稍相疏；

二十渐乖张，清沟映污渠。

三十骨骼成，乃一龙一猪；

飞黄腾踏去，不能顾蟾蜍。

飞黄：传说中的一种神马名；腾踏：形容马的飞驰；蟾（chán）蜍（chú）：癞蛤蟆。

这段诗主要是讲了这样一个故事：古时有两户人家，各自生了一个儿子。这两个孩子幼年时，相貌相似，都很活泼可爱。稍大之后，又在一起玩耍，相互间也看不出什么差别来。可是，到了十二三岁之后，就逐渐有了差别；到了二十多岁，就出现了明显的差别：一个似清水沟，一个像污水渠。到三十岁的时候，两人的性格体态都长成了，这时见了分晓：一个才智好似天上的龙，另一个却愚蠢得像圈里的猪；一个像神马飞黄一样的奔驰前进，另一个却似远远落在后头的癞蛤蟆。原因当然在于一个勤于和善于学习，另一个却十分懒惰。

后来，人们便由此把『飞黄腾踏去』这句诗，引申为『飞黄腾达』或『飞黄腾踏』。

与虎谋皮

【成语释义】

比喻跟所谋求的对象有利害冲突，绝不能成功。现多用来形容跟恶人商量，要其牺牲自己的利益，一定办不到。谋：商量。

【典故出处】

宋初李昉等编《太平御览》卷二〇八引《符子》。

【成语故事】

古代，东周地方有一个人，爱好皮衣和珍异的美味。有一次，他想弄点美味的羊肉作祭品，于是他便跑到山坡上，跟一只又肥又大的绵羊商量，要借它身上的肉敬鬼神。没等他把话说完，羊就吓得『咩咩』地叫着跑进了密林深处躲藏起来。这个人只好耸耸肩膀，空着手回家了。

过了些时候，他又『欲为千金之裘，而与狐谋皮』。意思是他想做一件价值千金的狐狸皮袍子，就跑进深山老林，找着一只狐狸，跟它商量，让狐狸剥下皮给他。话刚一出口，那狐狸就被吓得魂飞魄散，掉头就逃跑得无影无踪。这人仰天长叹一声，只好又无可奈何地扫兴而归了。

根据这个寓言故事，人们把『而与狐谋皮』演化成『与虎谋皮』。

小心翼翼

【成语释义】

原指恭敬严肃的样子；现多用来形容举动十分谨慎，一点不敢疏忽。翼翼：严肃谨慎。

【典故出处】

《诗经·大雅·大明》。

【成语故事】

商朝末年，纣王荒淫暴虐，周武王联合西部八个诸侯起兵伐纣，在牧野决战中，一举灭掉了商朝，建立了周朝，都镐京，史称西周。西周初年，贵族统治者便把上面这桩盛事记叙下来，以垂戒后代。便创作产生了周部族史诗之一的《大明》。全诗八章共五十八句。诗的第一章综述了周朝统治者的天命观：天命无常，维德者是助；第二章写武王的祖父母积有功德，才生下文王；第三章写文王施德政，四方归服；第四、五、六章补叙文王得天赐配偶，生下武王，受命伐纣；第七、八章写牧野决战。

在这首诗中，对文王严肃虔诚的品德的赞美有这样两句诗『维此文王，小心翼翼』。后来，『小心翼翼』被引申为成语。

小题大做

【成语释义】

比喻把小事当作大事。

【典故出处】

《史记·平原君列传》。

【成语故事】

春秋时，有一年燕国和赵国发生了纠纷，燕国一怒之下，任命高阳军为统帅，率领十万大军征讨赵国。赵国的孝成王听到这个消息，吓得六神无主，不知所措。他认为赵国没有任何一个将领能率兵与燕国大将高阳军相对抗，便决定派人去齐国，聘请齐国大将田单出任赵国元帅，统率三军与燕军作战。

齐王趁火打劫，同意帮助，却要求将燕国三座城池和高唐平原一带的57座城邑全部奉赠给齐国作为酬谢。赵孝成王为了保稳江山，想来想去，痛下决心，答应了齐王的苛刻要求。

赵孝成王的这一荒唐决定，使得满朝文武大为震动，大臣们私下里议论纷纷。在所有大臣中最为不满的是马服君赵奢。但他不敢公开反对，只好找到平原君说：『我们赵国并不是没有统兵御敌的大将。现在为了聘请一个田单，居然一下子割出五十余座城邑。这不是小题大做了吗？要知道，这五十余座城邑的来之不易，守之艰难，那可是用成千上万的将士们的生命和鲜血换来的，怎么就能如此轻率地拱手让给齐国呢？』

平原君却劝慰说：『这已经是决定了的事情，何必再去谈它呢！』

马服君非常气愤地说：『我们赵国兵强将勇，能征惯战者不下万人，如果让我赵奢统率大军迎敌，不出百天就能将燕军肃清。』

马服君看看平原君，见他无动于衷，又接着说：『田单算个什么东西，他如果无能，一定会败给燕国，真的有本事也不会为赵国卖命。用田单有害无利，那道理是明摆着的，咱们的国君怎么就是看不透呢！』

马服君慷慨陈词一番，见平原君态度冷淡，只好叹口气走了。

亡羊补牢

【成语释义】

比喻发现错误以后，如果能及时设法补救，还不为迟。亡：走失；牢：养牲畜的圈。

【典故出处】

《战国策·楚策四》。

【成语故事】

庄辛，是楚庄王的后代，战国时楚顷襄王身边的一位大臣。他看见楚顷襄王宠信州侯、夏侯、鄢陵君和寿陵君等几个贵族，终日只顾享乐，不管朝政，国家日益衰弱，心中十分着急。有一次，他便劝告顷襄王说：『您左边有州侯，右边有夏侯，车后面跟着鄢陵君和寿陵君，终日同他们一起放荡奢侈，不管国事，这样，楚国的郢都（今湖北江陵县）就危险啦！』

楚顷襄王不但听不进庄辛的忠告，反而骂他是『老糊涂』，故意说来吓唬人。庄辛认为如果照着这样下去，楚国必定会亡国，于是便辞去官职，到赵国去避难。

庄辛在赵国只住了五个月，秦国果然派兵攻打楚国，很快就占领了楚国的大片土地，顷襄王被迫逃到城阳（今河南息县）。这才想到庄辛从前的话说得对，便派人去赵国请回他来。庄辛到了城阳，楚顷襄王对他说：『从前，我没有听你的话，弄到了这个地步，现在应该怎么办呢？』

庄辛恳切地勉励顷襄王说：『臣闻鄙语曰：「见兔而顾犬，未为晚也；亡羊而补牢，未为迟也。」臣闻昔汤武以百里昌，桀纣以天下亡。今楚国虽小，绝长续短，犹以数千里，岂特百里哉？』

鄙语：俗话；汤武：商汤、周武王；以百里：凭借百里的土地；昌：兴盛；桀纣：夏桀、殷纣；绝：截；续：补；特：但，只是。

这段话的意思是：我听到俗话说：『看见兔子再招呼猎犬，并不算晚；羊跑掉了，再修补好羊圈，也不算迟。』从前商汤和周武王，只凭借百里之地而建立起兴盛的国家；而桀和纣，虽有天下，而终于亡了国。现在楚国虽然失去了不少土地，比较小了，但截长补短地计算起来，方圆还有好几千里，又何止百里呢！

根据这个故事，人们便引出了『亡羊补牢』。

山雨欲来风满楼

【成语释义】

比喻重大事件即将发生的气氛和迹象。欲：将要。

【典故出处】

唐代许浑《丁卯集·咸阳城东楼》诗。

【成语故事】

许浑，字用晦，是晚唐诗人。润州丹阳（今江苏丹阳）人。许浑于公元832年（唐文宗李昂大和六年）

中进士，此后曾当过县令、监察御史、睦州、郢州刺史。大约在公元850年，官居监察御史的许浑，目睹当时朝政的腐败，深为感慨。一天傍晚，他登上古城咸阳的城楼，眺望祖国的山河，不禁触景生情，深感唐王朝日益衰败，社会阶级矛盾日益尖锐，社会大动乱大有一触即发之势，忧心忡忡，对日薄西山的唐王朝怀有惋惜之情。于是就借此成诗一首，抒发自己的感受。全诗共八句：

一上高城万里愁，蒹葭杨柳似汀州。

溪云初起日沉阁，山雨欲来风满楼。

鸟下绿芜秦苑夕，蝉鸣黄叶汉宫秋。

行人莫问当年事，故国东来渭水流。

蒹（jiān）葭（jiā）：芦苇类的水草；汀州：沙洲；溪：磻（pán）溪，地名，今陕西宝鸡市东南；阁：指慈福寺阁；芜：杂草丛生；苑（yuàn）：养禽兽植林木的处所，这里指秦统治者打猎游乐的地方。

诗的大意是：一登上古城咸阳的城楼，就为眼前局势隐忧犯愁，从城楼向远处望去，只见一片蒹葭杨柳，好似水边荒凉的沙洲。磻溪上空的烟云冉冉升起，太阳已在慈福寺阁那里落下去了，山雨要来之前的大风已吹到咸阳城楼。昔日的秦苑汉宫，在这秋天日暮时分，只有鸟儿栖宿在杂草丛中，蝉儿鸣叫在变黄了的树叶里。一切都过去了，来来往往的行人啊，再也不要去打听秦汉当年的事情了，如今在这秦汉都城旧地，留下没有发生变化的只有从西向东的渭水而已。

根据这个故事，后来人们把诗中『山雨欲来风满楼』这句古今传颂的名句引申为成语。

历历在目

【成语释义】

比喻过去的事情清清楚楚地重现在眼前，也用来指远方的景物看得很清楚。历历：一个个清清楚楚。

【典故出处】

唐代杜甫《历历》诗。

【成语故事】

唐玄宗李隆基是唐王朝在位时间最长的一个皇帝。他经历了唐朝由盛世走向衰败的时期，在位四十多年，先后用过三个年号，一个是『先天』共两年；一个是『开元』，共二十九年；另一个是『天宝』，共十五年。李隆基在开元年间，年轻有为，励精图治，使唐王朝在开元时期达到兴盛的顶点。这就是史家所称的『开元盛世』。

开元年间的唐玄宗，像贞观时期的唐太宗那样，一是能任用贤才，二是勇于纳谏。据说，有一次唐玄宗照镜子，发现自己为国事操劳有些瘦了。左右有的人就献媚说：你让韩休这个人当宰相，陛下比以前瘦了，为什么还要用他。玄宗说：『我虽然瘦了些，天下人却一定胖了。萧嵩这个人来奏事，我说什么他听什么，当时倒省心，可他走后我却很不放心。韩休常同我争辩，他走后我却能放心地睡觉。』

然而，唐玄宗却没有将这种盛世延续下去。在他统治的后期，特别是到了天宝年间，玄宗得了杨贵妃之后，便迷恋于享乐宴饮的腐朽生活，不愿再理朝政。这时有个叫李林甫的宰相，阴险狡诈，掌握了大权，弄得朝政败坏，怨声载道，民不聊生。虽然李林甫只当了十七年宰相，于天宝十一年（752年）病死了，可接替他的却是杨国忠，情况更是日益变坏。天宝十四年（755年）的十一月，终于爆发了安禄山的大叛乱。正好生活在这个时代的大诗人杜甫，目睹唐玄宗开元与天宝两个时期的变化，亲眼看到了安史之乱给人民带来的苦难，并回想起『开元盛世』的情景，无比感慨地写下了这首《历历》诗：

历历开元事，分明在眼前。
无端盗贼起，忽已岁时迁。
巫峡西江外，秦城北斗边。
为郎从白首，卧病数秋天。

无端：无故，这是讲的反话，是一种幽默的讽刺；盗贼：指安史之乱；西江：指川江从西来，故谓之西江；秦城：长安，也叫北斗城；郎：杜甫自称，即检校工部员外郎。

诗的大意是：唐玄宗也曾有过励精图治的时候，开元盛世几乎可以与『贞观之治』媲美；那时候的太平景象，一桩桩、一件件都清楚分明地还在眼前。谁想到这位天子却无缘无故地变得坏了，招来了安史之乱，弄得天下大乱，转眼间已经十多年过去了。我现在在蜀江上的巫峡，心中仍然怀念着北斗边上的长安城。要说让我终身做个检校工部员外郎，是不会甘心的，我已经卧病好几年了。

后来，人们便把『历历开元事，分明在眼前』这两句诗，简化引申为『历历在目』。

为人说项

【成语释义】

比喻不埋没人才，并极力为之推荐介绍。

【典故出处】

唐代杨敬之《赠项斯》诗。

【成语故事】

在唐代曾经流传过一些老一辈的诗人赞美年轻诗人的故事。杨敬之称赞项斯的诗写得好，品格高雅，便是其中之一。

据《全唐诗话》载：晚唐诗人项斯，诗写得很好，诗风近于张籍，如反映南海人民生活的《蛮家》写道：

领得卖珠钱，还归铜柱边。
看儿调小象，打鼓试新船。
醉后眠神树，耕时语瘴烟。
不逢寒便老，相问莫知年。

诗写得比较清新、朴实，可开始他的名声不大，知道他的人很少。有一次，他带着自己的诗作去拜见杨敬之，虚心求教。杨敬之，字茂孝，唐宪宗元和初年进士，官至户部中郎，文坛名士，人们称他『日日新诗出，城中写不禁』。经过这次相见，双方倾心交谈后，杨敬之对这位青年诗人的诗篇和为人，有了更多的了解，留下了深刻的印象，于是便写了这首诗赠他。全诗共四句：

几度见诗诗总好，及观标格过于诗。

平生不解藏人善，到处逢人说项斯。

几度：几次；标格：风采，品德和风度；不解：不会；善：优点，长处，这里指品质、言行和文学方面的才能等。

诗的大意是：早些时候，也曾多次读到过你的诗作，首首诗都写得不错；现在同你交谈后，见到你的人品比诗品还高。我从来不会埋没别人的优点、长处和才能的，不论碰到谁我都要赞美你。

果然，杨敬之的推崇使项斯的作品在京都广泛地流传开了。项斯的诗名和为人也为更多的人所了解。后来，人们由『平生不解藏人善，到处逢人说项斯』这两句诗，引申出『为人说项』。

为富不仁

【成语释义】

形容剥削者唯利是图，为了自己发财致富，心狠手毒，没有好心肠。为：做，这里指追求的意思；富：发财致富；不仁：没有好心肠。

【典故出处】

《孟子·滕文公上》。

【成语故事】

滕定公死了，定公的儿子滕文公继承了王位。有一天，滕文公向孟子求教治国之道。

孟子说：『民事不可缓也。……是故贤君必恭俭礼下，取于民有制。阳虎曰：「为富不仁矣，为仁不富矣。」』意思是：关心人民是最重要的事情。所以历来贤明之君都能做到办事认真，节省用费，有礼貌地对待臣下，尤其是征收赋税要有一定的节制和制度。鲁国正卿季氏的总管阳虎曾经说过：『要想发财致富，便不能对人民仁爱；要讲仁爱，便不能发财致富。』

后来，『为富不仁』被引申为成语。

为人作嫁

【成语释义】

比喻只是为别人辛苦、忙碌。

【典故出处】

唐代秦韬玉《贫女》诗。

【成语故事】

秦韬玉，字仲明，唐时京兆（今陕西西安市）人。他的诗作不多，也不算名家。但他有一首写一位贫家少女自述的诗却很有名，名为《贫女》，可以说是家传户诵，流传很广。这首诗共八句：

蓬门未识绮罗香，拟托良媒益自伤。

谁爱风流高格调？共怜时世俭梳妆。

敢将十指夸针巧，不把双眉斗画长。

苦恨年年压金线，为他人作嫁衣裳。

蓬门：贫女门第；绮罗：贵重的丝织品；风流：风度潇洒；格调高：品格高尚；共怜：共同欣赏珍惜；俭梳妆：朴素的梳妆；双眉斗画长：比赛谁的眉毛画得长，指比赛打扮时髦。

诗的大意是：我本是一个贫寒家的女子，从来没有过贵重的衣饰。如今想找个好的媒人来说说出嫁的事，心里就未免更加伤感起来了：我虽说品格高尚、风度潇洒，可有谁爱？这朴素的打扮又有谁欣赏呢？我敢说在做针线活上我是一个巧手，但却不想同别人比那时髦的打扮。最使我痛恨的是，年年月月都在引线刺绣，可这都是在为别人做出嫁的衣裳啊！

后来，人们把『为他人作嫁衣裳』这句诗，简化引申为『为人作嫁』。

为虎作伥

【成语释义】

比喻心甘情愿帮助别人干坏事。伥（chāng）：古时传说被恶虎吃掉的人，死后变为伥鬼，专门引诱人来给虎吃。

【典故出处】

宋朝人李昉的《太平广记》，又见于明代张自烈《正字通》，也见于明代都穆《听雨记谈》。

【成语故事】

古时有这样一则神奇的传说：有一只饿虎在森林里寻食，把一个人咬死后，吃过了他的肉，还要让这个人的灵魂，变成为虎服务的一种鬼。这种鬼，是老虎的奴才，称老虎『将军』，听老虎的指使，直到抓到新的受害者，被老虎吃掉，其灵魂充作它的替身。

平时，这种鬼便领着老虎，当遇到猎人设置的陷坑时，它就帮助老虎绕过去；当找着第二个人后，它便先上前去脱掉这人的衣服、鞋子，好让老虎吃起来不费力气。后来人们把这个身受虎害、反过来又去帮老虎干害人勾当的鬼叫作『伥鬼』。

这个传说当然纯属荒诞的鬼话，但是为坏人充当帮凶的其人其事确实是有的，所以这个故事还是流传开了。根据这个故事，人们引出了『为虎作伥』。

专心致志

【成语释义】

比喻集中精力，一心一意地倾注在某件事情上。专心：注意力集中；致：尽，极；志：心志。

【典故出处】

《孟子·告子上》。

【成语故事】

春秋时候，有一个远近驰名的下棋能手，名叫弈秋。『使弈秋诲二人弈，其一人专心致志，惟弈秋之为听；一人虽听之，一心以为有鸿鹄将至，思援弓缴而射之，虽与之俱学，弗若之矣！为是其智弗若欤？曰：非然也。』

这段话的意思是：这位下棋能手有两个徒弟跟他学下棋。两人当中，一个人在学棋时，精力集中，静心听讲；而另一个人，虽然也在听讲，但心里却一直在想着打鸟的事，恍如有一群大雁将要从这里飞过似的，时刻准备张弓搭箭。这样一来，两人虽说是同时学习，却出现了这个人学的效果不如另一个人的结果。这是因为他的聪明智慧不如别人吗？答案是：不然！

那是什么原因呢？孟子说：『弈之为数，小数也，不专心致志，则不得也。』意思是：下棋本来是一种技能，虽说这技能不大，要是不专心致志去学，也是学不到好本领的。

后来，人们就由此引出了『专心致志』。

公正无私

【成语释义】

比喻办事公正，没有私心。

【典故出处】

《淮南子·修务训》：『若夫尧眉八彩，九窍通洞，而公正无私，一言而万民齐。』也见于《后汉书·苏章传》。

【成语故事】

《后汉书·苏章传》载有一个故事。东汉扶风平陵（今陕西咸阳西北）人苏章，字孺文，少年时就博学多才。汉安帝时，任武原令，赶上荒年，他开仓库拯救饥民；汉顺帝时，升任冀州刺史，他办事公正，执法无私。有一次，在清理积案中，他发现清河太守犯有严重的贪污行贿罪，按刑律理应正法。可是这位清河太守，恰恰又是他以前最好的朋友。这个问题怎样处置呢？苏章经过认真思考后，就在一天晚上，准备好酒菜，把这位老朋友请上门来，两人一边饮酒，一边畅叙旧时友情，根本不提案件的事，相互谈得十分欢乐。本来，这位清河太守临来时，摸不透苏章对自己的案子究竟会咋办。这样一来，心里的担心全都烟消云散，以为苏章不再追究他了，不禁得意而又语义双关地说：『人皆有一天，我独有二天。』意思是：人家头上只有一顶青天，而我却得天独厚有两顶天的保护啊！

苏章听了，当即放下酒杯严肃地说：『今晚我苏章请你喝酒，是尽老朋友的情谊；明天冀州刺史开堂审案，却只能按王法秉公办事。』

第二天，苏章便开堂审理了这桩案子，这位清河太守终于按律正法了。

日薄西山

【成语释义】

比喻事物已经接近灭亡的情景。薄：迫近；西山：太阳落下去的一边。

【典故出处】

李密《陈情表》。

【成语故事】

在我国历史上有两个同名同姓且又比较著名的李密。一个是隋朝末年起兵反对隋炀帝的李密，另一个就是三国末年的李密。这个李密，字令伯，三国时犍为武阳（今四川彭山县东）人。他为人刚直，善辞令，有才学。李密生下来只六个月，父亲就去世了，四岁时母亲又被舅父强迫改了嫁，由祖母刘氏抚养成人，以侍奉祖母为孝著称。蜀汉的时候，他在朝里做过尚书令。蜀灭亡后，晋武帝司马炎曾下诏书征聘他做太子洗马。当时，李密四十四岁，祖母高龄九十六岁，于是上表陈情，说明因奉养祖母不能赴诏的苦衷。

李密在表中婉转地写道：『今臣亡国贱俘，至微至陋，过蒙拔擢，岂敢盘桓，有所希冀。但以刘日薄西山，气息奄奄，人命危浅，朝不虑夕。臣无祖母，无以至今日；祖母无臣，无以终余年。母孙二人，更相为命，是以区区不能废远。』

拔擢（zhuó）：提拔；盘桓：犹豫不决；刘：即刘氏，李密祖母。

这段话的意思是：如今我是个亡国的俘虏，是很微贱的。但却蒙皇上特别的优待、提拔，哪里还敢犹豫而不应召呢？只是因为刘氏祖母年已老衰，就像日落西山一样，生命很微弱，已经活不长了，活过早上晚上就可能保不住。我没有祖母不能长大成人，祖母没有我也难度晚年。我们祖孙二人，相依为命，所以我不能停止奉养她而远离啊！

日暮途穷

【成语释义】

形容计穷力竭，末日已到。暮：傍晚；穷：尽头，穷尽。

【典故出处】

《史记·伍子胥列传》。

【成语故事】

春秋时候，楚国人伍员（又叫子胥）全家无辜惨遭楚平王的迫害，父亲伍奢和哥哥伍尚都被杀了。伍员被迫逃离楚的时候，去看望好友申包胥，悲愤地表示：日后自己一定要想法灭掉楚国，为父兄报仇雪恨。申包胥既同情他的遭遇，又劝他不要这样做。伍员不听。申包胥就发誓说：『伍员啊，你能叫楚国灭亡，我就一定能叫楚国复兴。』

伍员告别了申包胥，颠沛流离，历尽千辛万苦终于逃到南方的吴国。为了能借来吴国的兵力替自己报仇，他帮助吴王阖闾夺得了王位。公元前506年，伍员又说服吴王亲率大兵攻打楚国，一直攻占了楚国的京城郢都。这时，楚平王已经死了十年，他的儿子楚昭王抵挡不住吴国的进攻，带人逃到随国去了。

楚平王已死，昭王也跑了，伍员报仇的愿望也没实现。他憋在心里燃烧了十八年的怒火，再也忍耐不住了。就叫楚国人带路，把楚平王的坟墓掘开，打开棺材，怒气冲天，抡起钢鞭，照着尸体一口气抽打了三百下，他一边抽，一边喊叫：『你这个昏王，残害了我的父兄，今天是该我报仇的时候了！』

楚国被吴国打败，逃进山里的申包胥知道这件事后，就让人给伍员捎去一封信，斥责他这样做太过分了。伍员看过信，对送信的人说：『为我谢申包胥曰：「吾日暮途远，吾故倒行逆施之。」』意思是：请你为我谢谢申包胥，转告他：我好比是天快黑了而前面的路程还很远的行路人，所以就只好不顾一切，不按常理办事了。

后来，伍员的『吾日暮途远』被简化引申为『日暮途穷』含贬义。

心腹之患

【成语释义】

比喻隐蔽在内部的或威胁着要害部门的严重祸患。心腹：比喻要害。

【典故出处】

《左传·哀公十一年》。

【成语故事】

春秋末期，吴王阖庐死后，伍子胥辅佐吴王夫差治理吴国，国力日渐强盛，公元前494年终于大败越国，把勾践困在会稽山上。夫差打败越国报了父仇之后，便偏听受了越国贿赂的太宰伯嚭的意见，同伍子胥发生了矛盾。伍子胥认为，越国邻近吴国，是心腹之疾，应该坚决灭掉；而夫差听信太宰伯嚭的谗言，认为越国已被击垮，并且很驯服，不必防备了，而要北上与齐、晋等国争霸中原。

公元前484年（鲁哀公十一年），夫差准备北上去攻伐齐国。越王勾践听说后，便带着臣子们来朝见吴王夫差，并给夫差和他的大臣们都送了一份厚礼，以示祝贺。吴国君臣见勾践如此忠诚，心里都很高兴，只有伍子胥十分忧虑，他说：『这是对吴国的诱利啊！』于是，他劝告夫差说：

『越在我，心腹之疾也，壤地同而有欲于我。夫其柔服，求济其欲也。不如早从事焉。得志于齐，犹获石田也，无所用之。越不为沼，吴其泯矣。使医除疾而曰「必遗类焉」者，未之有也。盘庚之诰曰：「其有颠越不共，则劓殄，无遗育，无俾易种于兹邑。」是商所以兴也。今君易之，将以求大，不亦难乎！』

欲：这里指欲得到吴国；早从事：即早下手；泯：灭亡；必遗类焉：必然会留下病根；劓（yì）：割除。

这段话的大意是：越国对我们来说，是心腹大患，因为它与我们同处在一块土地上而且对我们有所欲望。他们的驯服，正是为了达到他们的欲望，我们不如早点下手除掉它。北伐齐国，即使如愿以偿，就好像得到的满是石块的田土，也是没有办法使用的。越国如不变成池沼，吴国就会被灭掉。这就像让医生治病，而说『一定要留下病根』，是从来不会有的。商代盘庚之诰说：『如果有猖狂捣乱不听话的，就得统统除掉，不留后代，不要让他们在这里留下逆种。这便是商朝所以兴起的原因。现在您反过来，打算用您这种办法来求得强大，这是很难办到的。』

吴王夫差根本听不进去伍子胥的忠言。伍子胥断定，如果夫差继续这样干下去，吴国一定要被越国灭亡。于是他便利用去齐国办事的机会，把自己的儿子交给齐国的一位姓鲍的贵族去抚养，以免一旦国内出事，不致连累孩子。后来，夫差终于听信谗言，赐死了伍子胥。历史的发展却也证实了伍子胥的预言，在公元473年，勾践攻破吴都，灭掉了吴国；夫差走投无路，也被迫自杀了。

后来，『越在我，心腹之疾也』，被简化引申为『心腹之患』。

心旷神怡

【成语释义】

比喻心胸开阔，心情愉快。旷（kuàng）：心底开阔，开朗；怡（yí）：快乐，愉快。

【典故出处】

范仲淹《范文正公集·岳阳楼记》。

【成语故事】

岳阳楼，在今湖南省岳阳市，就是原县城的西门城楼。楼高三层，下瞰洞庭湖。它初建于唐初，北宋的滕子京重修。滕子京与范仲淹是好朋友，他们二人都在公元1015年考取进士。公元1044年（宋仁宗庆历四年）滕子京任岳州（今湖南岳阳）知州，次年重修岳阳楼，请范仲淹写一篇文章记叙这件事。范仲淹写成的文章就叫《岳阳楼记》。文中写到了在不同的时令、时辰登上岳阳楼所见到的景色与不同的感受。『至若春和景明，……登斯楼也，则有心旷神怡，宠辱皆忘，把酒临风，其喜洋洋者矣。』意思是：要是在春风和暖，阳光明媚的时候，登上岳阳楼，就会觉得心胸开阔，精神愉快，荣辱得失一切都会忘了，端起酒杯，沐浴着清风畅饮，其乐无穷啊！

人们后来就把文中『心旷神怡』引申为成语。

开卷有益

【成语释义】

用来勉励人们只要勤奋好学、多读书就会得到益处。卷：指书；开卷：打开书本，指读书；益：好处。

【典故出处】

《宋实录》。

【成语故事】

宋太宗赵光义对《太平编类》这部千卷巨著很感兴趣。这部书搜集摘录了一千六百多种古籍的重要内容，分类归成五十五门，全书共一千卷。对这么一部巨著，宋太宗规定自己每天至少要看两三卷，果然一年之内便看完了。后来，人们把《太平编类》这部规模宏大的分类百科全书，更名为《太平御览》，意思是皇帝阅过此书。当宋太宗下定决心花精力翻阅这部巨著时，曾有人觉得皇帝每天要处理那么多的国家大事，还要去读这么部大书，太辛苦了，就去劝告他少看这类厚书，以免过度地劳神，同时，也不一定每天都得看，应该注意休息。可是，宋太宗却回答说：『朕性喜读书，颇得其趣，开卷有益，岂徒然也。』

另据，宋代王辟之《渑水燕谈录》载：『太宗日阅《御览》三卷，因事有缺，暇日追补之，尝曰：「开卷有益，朕不以为劳也。」』这段话的意思是：宋太宗赵光义对《太平御览》这部书，每天都要阅读三卷，有时因为事情多耽误了，也得抽空补上，并且常常对左右的人说：『只要打开书本，多读点书，总是会得到好处的，所以我觉得一点也不劳累。』

后来据这些记载和故事，人们便引出了『开卷有益』。

双管齐下

【成语释义】

比喻同时能有效地进行两件工作。管：指笔。

【典故出处】

唐代朱景玄《唐朝名画录》。

【成语故事】

著名画家张璪（zǎo）是唐代吴郡（今江苏苏州）人。他的绘画艺术很高，擅长画山水树石，尤其擅长画松树。他画松树的时候，“尝以手握双管，一时齐下，一为生枝，一为枯枝。气傲烟霞，势凌风雨，槎枒之形，鳞皴之状，随意纵横，应手间出”。

槎枒：同杈丫，树枝歧出的样子；皴（cūn）：皮肤开裂，指画中树干的纹理和阴阳向面；间：间或，偶尔。

这段话的意思是：张璪画松树，能同时用两手握笔，一起作画，一支笔画苍翠的树枝，一支笔画枯萎的树干。其气势傲视烟霞，凌犯风雨。树枝歧出，树皮像鱼鳞一样，看起来生动逼真。

所以张璪的松树画，不仅有着奇特的作画方法，而且笔迹精巧。那青翠的树枝，湿润中好似含着春天的光泽；苍劲的树干，又犹如秋天落叶之后的气象一般。画中的山水的形状，更是有高有低，非常秀丽，咫尺之间显出深远的气势。当时的人都称他的画是“神品”，并把他那种独特的作画方法叫作“双管齐下”。

根据这个故事，后来人们便引出了“双管齐下”。

火中取栗

【成语释义】

比喻受人利用，为别人冒险吃了苦头，自己却得不到一点好处。

【典故出处】

寓言《猴子与猫》。

【成语故事】

十七世纪法国寓言诗人拉·封登的寓言《猴子与猫》里说：从前有一只狡猾的猴子，发现一处火堆中有栗子，很想吃，但又不敢伸出爪子去火中抓。后来，它终于想出一个办法，找来一只馋猫，装着很诚恳地对它说：『你瞧，那烧熟了的栗子多好吃啊！如果你愿意替我取出来，我俩就可以分着吃。』

馋猫经不住猴子甜言蜜语的诱惑，便同意了，并马上从火中取栗子。馋猫每取出一粒栗子，爪子上的毛就被烧掉一些，但它想：爪子上的毛烧掉一些没关系，过一会儿我就可以美美地吃栗子了。栗子终于都取了出来，但也被猴子吃光了。馋猫不仅没有吃到栗子，反而爪子上的毛都烧掉了。

风声鹤唳

【成语释义】

比喻惊慌失措，听到一点风声响动就互相惊扰。唳（lì）：叫。

【典故出处】

《资治通鉴·晋纪》。

【成语故事】

西晋灭亡以后，我国历史上出现了南北大分裂的局面。南方建立了东晋王朝，北方有十几个国家，后来为前秦王苻坚统一了。公元383年，苻坚想统一全国，就亲率九十万大军，南下进攻东晋。东晋派大将谢玄、刘牢之领兵八万前去抵抗。晋军前锋刘牢之率领五千精兵，强渡洛水，夜袭秦军，大败秦军先头部队，歼秦军一万五千人。

骄傲轻敌的苻坚不肯认输，沿着淝水（今安徽境内）摆开阵势，准备大战。怎样才能以八万之众去战胜数十万的秦军呢？晋军主将谢玄想出一条妙计。他派人到秦军中去，对苻坚说：『请秦军暂且后撤一点，让晋军渡过淝水，以便决一胜负。』苻坚想乘晋军渡河之机，一举全歼。因而他不听众将的劝阻，就答应了晋军的请求。当苻坚指挥前军后退时，后军误以为打了败仗，晋军冲过来了，便四散溃逃，犹如决堤之水，不可收拾。晋军乘机抢渡淝水追杀秦军。秦军大败，自相践踏而死的人，尸体遮蔽了田野，阻塞了河流。而那些侥幸逃脱的人『闻风声鹤唳，皆以为晋兵且至』。白天黑夜都不敢休息地拼命逃跑，加上挨饿受冻，死亡率高达十分之七八。

后来，人们根据这个故事引申出了『风声鹤唳』。

风起云涌

【成语释义】

形容大风刮起，云像水涌一般；也用来比喻许多事物相继兴起，声势浩大。

【典故出处】

北宋苏轼《后赤壁赋》。

【成语故事】

《后赤壁赋》写于《前赤壁赋》之后三个月，但这次苏轼与友人游黄冈赤壁已是初冬时节。文中描绘了冬夜的江岸，渲染了作者独自登高而引起的悲凉心情。整篇文章基调比较低沉。文章这样描写作者独自登高时的情景：

予乃摄衣而上，履巉岩，披蒙茸，踞虎豹，登虬龙，攀栖鹘之危巢，俯冯夷之幽宫，盖二客不能从焉。划然长啸，草木震动，山鸣谷应，风起水涌。予亦悄然而悲，肃然而恐，凛乎其不可留也。

摄衣：撩起衣服；履：踏着；巉（chán）岩：险峻的山崖；披：分开；蒙茸（róng）：杂乱丛生的野草；踞：蹲或坐；虎豹：这里指形状似虎豹的石头；虬（qiú）龙：古代传说中的一种有角的小龙，这里指形状似虬龙，树干盘曲而古老的树木；鹘（hú）：鸷鸟；冯（píng）夷：传说中的水神，即河伯；幽宫：深宫，这里指水神居住的水府；悄然：忧伤的样子；凛乎：令人敬畏的样子。

这段话的大意是：我就撩起衣襟上岸，踩着险峻的山崖，分开杂乱丛生的野草，时而蹲在形如虎豹的石头上，时而爬上状似虬龙的古树，攀缘着鸷鸟巢居的崖壁，俯视着水神冯夷居住的深宫。两位客人因为这样险峻的山路不能随我一道攀登了。突然间，一声长啸划破天空，草木为之震动，回声在山谷间荡漾，大风吹起，江涛汹涌。我的心也顿时忧愁而悲凉起来，心中恐惧。恐怖、冷峻的气氛使我再也不能留在那里了。

后来，『风起水涌』被引申为『风起云涌』。

风调雨顺

【成语释义】

形容年成好。调：调和；顺：和谐。

【典故出处】

北宋苏轼《荔枝叹》诗。

【成语故事】

这首诗是苏轼居惠州后的第二年（公元1095年）所写的。这年初夏，苏轼在惠州第一次吃到色鲜味美的荔枝，即兴写了一首《四月十一日初食荔枝》的赞美诗。可当他转念想到荔枝等名贵土特产自古以来常常成为官吏扰害百姓的祸根。据《后汉书·和帝纪》载：『旧南海（即指交州）献龙眼荔枝，十里一置，五里一堠，奔腾阻险，死者继路。』又据《华阳国志》载：『涪州（今四川涪陵一带）城西五十里，唐时有妃子园，中有荔枝百余株，颗肥，为杨妃（杨玉环）所喜。当时以马驰载七日夜至京，人马多毙。』因而写了这首《荔枝叹》，诗一起笔便指斥统治者的骄奢淫逸，官吏的谄媚逢迎，给人民带来了无穷的祸害。

这首诗大致可分为两大部分，上半部分为：

十里一置飞尘灰，五里一堠兵火催。颠坑仆谷相枕藉，知是荔枝龙眼来。飞车跨山鹘横海，风枝露叶如新采。宫中美人一破颜，惊尘溅血流千载。永元荔枝来交州，天宝岁贡取之涪。至今欲食林甫肉，无人举觞酹伯游。

置、堠（hòu）：均为驿站名；飞尘灰：快马急奔尘土飞扬；颠坑仆谷：形容送荔枝的人马倒毙的惨状；相枕藉：形容许多人倒在一堆死去；飞车：飞驰的车子；鹘（hú）：老鹰一类的猛禽；风枝露叶：形容荔枝新鲜，枝叶还带有风露；宫中美人：指杨贵妃；交州：今广东、广西一带；林甫：李林甫，唐玄宗的宰相，有名的权奸；酹（lèi）：祭祀；伯游：唐羌的字，汉和帝时做临武县官，曾上书陈述交州进贡荔枝的弊害。

这段诗的起首八句便写了汉和帝永元年间和唐玄宗天宝年间，送荔枝给人民带来的惨重灾难。这仅仅是为了暂饱一下最高统治者的口福，或为了博得宫中美人的一笑。接下来的两句：『永元荔枝来交州，天宝岁贡取之涪』，分别说明这些来路很远的荔枝带来的祸害也就更大。所以至今人们痛恨那时的奸相李林甫，但却忘记了值得纪念的唐伯游。

紧接着，在下部分的起首，作者便语重心长地祝愿道：

我愿天公怜赤子，莫生尤物为疮痏。风调雨顺百谷登，民不饥寒为上瑞。

赤子：指老百姓；尤物：非常美好的东西，这里指荔枝；疮痏（wěi）：疮伤，这里借指灾害；登：成熟；上瑞：最吉祥的现象。

这几句诗的大意是：为了根绝祸源，我倒宁愿天公不要生长荔枝，只是风调雨顺让百谷丰登，只要老百姓不受饥寒就是无上的吉祥了。

紧接着，在这首诗里苏轼又联系现实，指名揭发了那些以民脂民膏来争宠献媚的官僚大臣的无耻行为，表现出了令人敬佩的勇气和正义感。这也是这首诗历来为人传诵的原因之一。

后来，人们把诗中『风调雨顺百谷登』简化引申为『风调雨顺』。

风烛残年

【成语释义】

形容人已衰老，剩下可活的时日不多。风烛：被风吹拂飘摇的灯烛；残年：在世不久，剩余之年不多了。

【典故出处】

《古乐府·怨诗行》：『百年未几时，奄若风中烛。』东晋王羲之《题卫夫人笔陈图后》：『时年五十有三，或恐风烛奄及，聊遗教于子孙耳。』

【成语故事】

在元朝，有这样一个故事：容城（今河北容城县）人刘因，从小就死去父亲，后来曾在朝中做右赞善大夫，后因母病，辞官回家。母亲病愈之后，朝廷又召他去任职，刘因却辞而不就。有的人不解地询问其故，他回答说：『母亲已经九十高龄了，这就好像是「风前之烛」，我怎么能贪图一时的富贵，远离家乡呢？』

根据这些记载，便引出了『风烛残年』。

手足之情

【成语释义】

比喻兄弟间相亲相爱的亲密感情。手足：比喻兄弟。

【典故出处】

唐代李华《吊古战场文》。

【成语故事】

李华，字遐叔，唐时赵州赞皇（今河北赞皇）人。唐玄宗开元二十三年（公元735年）进士，官至吏部员外郎。安史之乱时，被叛军俘虏，接受凤阁台舍人官职。唐王朝平定叛乱后被贬为杭州司户参军。后因病辞职隐居山阳（今江苏淮安县）。

唐玄宗后期，对外对内战争连年不断，给人民带来了极大的灾难和痛苦。作者在这篇《吊古战场文》里，经过精心构思，通过对古战场上空旷荒凉、极目悲怆的描写，极力渲染了战争的阴森恐怖。当然由于作者阶级的历史局限性，他没有也不可能去区别各类战争的不同性质，而给予褒贬。但这篇文章，名为吊古，实际上是对唐朝统治者的穷兵黩武政策进行了谴责，对战争中阵亡的将士表示了痛惜，寄予同情。文章中写道：

苍苍蒸民，谁无父母？提携捧负，畏其不寿。谁无兄弟，如足如手？谁无夫妇，如宾如友？生也何恩？

杀之何咎？

苍苍：盛多的样子；蒸：通『烝』，众；提携：搀扶；捧：双手承托；咎：过失。

这段话的意思是：天下这么多的老百姓，哪个没有父母？即使搀扶捧背尽心供养，还担心他们不能长寿。哪个没有兄弟，彼此相亲相爱如同手足？哪个没有夫妻，相敬如宾，相爱如友？他们活下来，难道是谁的恩惠？他们被杀死在战场，难道对谁犯了什么过失？

后来，『谁无兄弟，如足如手』被简化引申为『手足之情』。

中饱私囊

【成语释义】

指那些经手钱物和有权的人，利用工作之便将自己的腰包装得满满的。

【典故出处】

《韩非子·外储说左下》。

【成语故事】

春秋末期，晋国的执政大臣是赵简子。有一年，他派税官去收赋税。临行前，税官问赵简子：『这次收税的税率是多少？』

赵简子回答道：『不轻不重最好。税收重了，国家富了，但老百姓穷了；税收轻了，老百姓富了，国家却穷了。你们如果没有私心，这件事就可以做得很好。』

这时，有个叫薄疑的人对赵简子说：『依我看，您的国家实际上是中饱。』

赵简子还以为薄疑说自己的国家很富呢，十分高兴，还故意问薄疑是什么意思。

薄疑直截了当地说：『您的国家上面国库是空的，下面百姓是穷的，而中间那些贪官污吏都富了。』

赵简子听了这话十分吃惊。

车载斗量

【成语释义】

形容数量很多，并不稀罕。

【典故出处】

《三国志·吴书·吴主传》裴松之注引《吴书》。

【成语故事】

蜀将关羽被吴国名将吕蒙用计擒获杀害之后，刘备亲自率领七十余万大军来攻打东吴，要为关羽报仇。

吴主孙权便派中大夫赵咨到魏国去请求援兵。

赵咨，字德度，南阳人，博学多识，富有辩才。这次出使魏国，到了许都，见到魏文帝曹丕。吴国和魏国本来已是多年争战不休，矛盾相当尖锐，魏文帝见到吴国求援的使者，便轻蔑地问道：『吴王何等主也？』

赵咨回答说：『聪明仁智，雄略之主也。』

曹丕又问：『吴王颇知学乎（意思说：他懂得看书吗）？』

赵咨说：『吴王浮江万艘，带甲百万，任贤使能，志存经略，虽有余闲，博览书传历史，藉采奇异，不效诸生寻章摘句而已。』

对于魏文帝这些带有轻蔑性、侮辱性的问话，赵咨都既很有礼貌、很有分寸地给予了回答，又维护了自己国家尊严。曹丕对赵咨的应对也暗自称赞，于是便用多少带点赞许的口气继续问道：『吴如大夫者几人？』意思说：吴国像你这样的有才干的人，有多少啊？

赵咨应声答道：『聪明特达者八、九十人，如臣之比，车载斗量，不可胜数。』意思是：聪明特达的贤者有八、九十人。像我这样的人，那更是多得车载斗量，数都数不过来。

车水马龙

【成语释义】

形容车马来往不断，场面非常热闹。

【典故出处】

《后汉书·马后纪》。

【成语故事】

马后，是东汉名将伏波将军马援的女儿，马援是帮助汉光武帝中兴汉室的大功臣。马后是在刘庄被立为太子时入宫为妃的。公元57年汉光武帝去世后，刘庄即位，便是汉明帝。明帝把马氏立为皇后，这时马援已经去世快十个年头了。

马后，是个生活俭朴、能克己待人的人。汉明帝即位不久，为了永远纪念那些帮助汉室中兴的功臣，就要画师在南宫云台中画上他们的像。但是为了避免亲宠外戚的嫌疑，有意不让画马援的像。马后对明帝的用意很明了，很赞同。后来，明帝去世了，他的儿子刘炟即位，便是汉章帝。马后被尊为皇太后。

汉章帝本不是马后的亲生儿子，但是从刘炟被立为太子之日起，即由马后抚养。她把刘炟当亲生儿子一般，悉心教养。刘炟也很孝顺马后。所以，即位之后，章帝便打算给马家的几个舅舅分封官爵。马后根据汉光武帝生前的规定『后妃家族不得封侯』的制度，不同意这样做。

可是，到第二年夏天，发生了旱灾。一些专爱看风使舵的大臣，就借此机会给章帝上疏说：这正是由于去年没有分封外戚的缘故，今年才发生了这么严重的灾害，要求立即进行封爵。

马后坚决不同意，针锋相对地颁下诏书，说：『提意封爵的人，本来是想讨好我。凡是讨好取宠的人，又都有他们图谋私利的目的。天旱同分封侯爵是不相干的。从前汉成帝时，一天之内把太后的五个弟弟封为关内侯，还不是照样土地龟裂，滴雨不见吗？』

接着，马后说：『我上次回家，看见外家个个都很阔绰，拜候请安的人，来来往往，「车如流水，马如游龙」（意思是：车子多得像流水那样不停地驶去，马匹往来不断像一条游龙）。我还看到家里的佣人，都穿得整整齐齐、漂漂亮亮的，我的马车夫比他们差得太远了。当时我竭力克制自己，没有责备他们，不过从此也就不再给他们生活补助了。如果再给他们分封官爵，实在是不好啊！』

同时，马后还以历史上许多外戚横行，酿成祸乱的事例加以证明，坚决不赞成章帝给马家几个舅舅分封官爵。

根据这个故事，后来人们便把『车如流水，马如游龙』简化引申为『车水马龙』。

井底之蛙

【成语释义】

比喻见识浅薄的人；也比喻眼界狭小的人。

【典故出处】

《庄子·秋水》。

【成语故事】

有一只青蛙，生长在草丛中一口淤塞的废井里。它只知道井底那狭窄的地方，只看见井上那小小的一块天空，根本就不知道井外的广大世界。

一天，有一只迷路的海鳖，来到井口上。这只青蛙便凑上去招呼说：『喂，你来看看我这美妙的乐园！高兴的时候可以在井壁的坎儿上自由地跳跃，疲倦了可以钻到井壁的破砖洞里休息；洗澡、散步，都很便当。井底的那些小蝌蚪、小螃蟹，谁也比不上我快活！』

青蛙越说越高兴，指着井底骄傲地继续说：『你瞧，这里都归我管辖，跳东走西，我爱怎么样就怎么样！你何不下来玩玩，参观参观呢？』

海鳖爬向井口，很想走进去瞧一瞧，可是左脚还没有跨进，右脚就被井栏绊住了。海鳖只得退了回来，为难地对青蛙说：『朋友，你知道吗？我住在大海里。大海之广，何止千万里；大海之深，何止千万丈。

大禹的时候，十年九涝，但海水也看不出有多少增加；商汤的年月，八年七旱，海水也不见得有减少。不管时间长短，无论雨量的多少，大海总是无边无际、无羁无绊。住在大海里，才真的快乐呢！』

青蛙听了既惊讶又惭愧，鼓着眼睛，深深地为自己的浅薄无知而羞愧。

后来，根据这个故事便引出了『井底之蛙』。

分道扬镳

【成语释义】

分路前进，比喻各奔前程，各干各的事。镳：马嚼子。扬镳：举鞭驱马前进。

【典故出处】

《北史·魏诸宗室·河间公齐传》。

【成语故事】

元齐是南北朝时北魏人，他很有才能，屡建功勋。皇帝非常敬重他，封他为河间公。

元齐有一个儿子叫元志。他聪慧过人，饱读诗书，是一个有才华但又很骄傲的年轻人。孝文帝很赏识他，任命他为洛阳令。后来，孝文帝把都城迁到洛阳。这样一来，洛阳令成了『京兆尹』。在洛阳，元志仗着自己的才能，轻视朝廷中某些学问不高的达官贵族。

有一次，元志出外游玩，正巧李彪的马车从对面飞快地驶来。元志官职比李彪小，按理应该给李彪让路，但他一向看不起李彪，偏不让路。李彪见他这样目中无人，当众责问元志：『我是御史中尉，官职比你大多了，你为什么不给我让路？』

元志并不买李彪的账，说：『我是洛阳的地方官，你在我眼中，不过是洛阳的一个住户，哪里有地方官给住户让路的道理呢？』他们两个互不相让，争吵起来了。于是他们来到孝文帝那里评理。

孝文帝听他们的争论，觉得各有各的道理，不能训斥他们中的任何一个，便笑着说：『洛阳是我的京城。我听了，感到你们各有各的道理。我认为你们可以分开走，各走各的，不就行了吗？』

见利忘义

【成语释义】

比喻见了私利，就忘了正义和道义。

【典故出处】

《汉书·樊郦滕灌傅靳周传赞》。

【成语故事】

汉高祖刘邦去世后，吕后专权，分封诸吕，诛杀功臣，弄得朝廷混乱。公元前180年，吕后死后，她的侄子吕禄以赵王的身份担任朝廷的上将军；吕后的另一个侄子吕产，按照她的遗诏又以梁王的身份在朝廷担任相国。诸吕进一步控制了整个朝政大权，并准备纠合吕党全面篡夺刘氏天下。

这时，作为统率全军的太尉周勃，兵权已失，连军营的大门都进不了。周勃本是西汉王朝的开国功臣，编席出身的著名将领。他自从跟随刘邦从沛县起兵反秦，直到开国后抗击匈奴，平息诸侯王叛乱，他总是在刘邦的指挥下，转战各地。周勃对西汉王朝忠心耿耿，为人耿直朴实；但他『重武少文』，面对诸吕阴谋作乱，早已愤愤不安，自己又拿不出好办法来，便去找虽为丞相实不管事的陈平商议对策。两人商议后，觉得首要的是要夺回兵权，而掌握兵权的大将军吕禄，与曲周侯郦商父子交情最深，便决定先将郦商扣押起来，再强迫他的儿子郦寄去劝诱吕禄交出兵权。郦寄因父亲被扣押，只好照周勃、陈平的计策，去诱劝吕禄把兵权交还太尉周勃。吕禄本是无能的庸人，再加之认为郦寄是知心好友，不至相欺，便有些动心了。正当吕禄犹豫不决的时候，周勃不顾个人安危，带着郦寄，勇敢地闯入北军，吕禄在郦寄的再次劝诱下，终于交出了将印，北军便归了周勃指挥，从而得以杀吕产于未央宫。其余诸吕，也被周勃捉住，一一斩首。而后，周勃、陈平等便迎立代王刘恒当了皇帝，史称汉文帝。

《汉书》的作者班固在记述这件历史事实时，曾评述说『当孝文时，天下以郦寄为卖友。夫卖友者，谓见利而忘义也』。班固认为：郦寄卖友，虽然毁了吕禄，但保全了国家，使国家免于分裂，得到了安宁，这样『谊存君亲』，与那种『见利忘义』不同，也是值得赞许的，不应否定。

后来，根据班固对上述史实的评述引出了『见利忘义』。

从长计议

【成语释义】

比喻把商量考虑的时间放长一些，不必急于做出决定。

【典故出处】

《左传·僖公四年》。

【成语故事】

春秋初年，晋国国君晋献公派兵攻占骊戎（古戎人的一支，在今陕西临潼一带）部族，夺得美女骊姬，带回晋都绛邑（今山西翼城），想要立为夫人。但晋献公很讲迷信，无论做什么事，都要占卜以判断凶吉。他以能否立骊姬为夫人这件事，先占卜（卜是用龟甲占卦），不吉利；后又筮之（即用蓍草做占卦工具），吉利。晋献公就自作主张地决定，按照蓍草占卦为准。这时，有一位官员就谏阻说：『筮短龟长，不如从长。且其繇曰：「专之渝，攘公之羭。一薰一莸，十年尚犹有臭。」必不可。』

短、长：皆指灵验的程度；筮短龟长：古人重卜轻筮（shì），认为卜比筮灵验；渝：变化；攘（rǎng）：窃取，夺走；羭（yú）：美；薰（xūn）：香草；莸（yóu）：一种臭草，无确指；十年：无实指，言其久。

这段话的意思是：卜卦比筮灵验，还是应从比较灵验的卜卦。况且卜卦之兆辞说：如果要专心宠幸她，则将生变故，而且要夺走你的精华。这就好比香草和臭草放在一起，久而久之香气必然会被臭气掩盖住。还是不能立骊姬为夫人啊！

晋献公根本不听，仍然立骊姬为夫人。骊姬年轻貌美，又善逢迎献媚，把晋献公弄得迷迷糊糊的，他竟同骊姬一起把太子申生害死，把公子重耳和夷吾逼走。

后来，元朝李行道写的杂剧《灰阑记·楔子》里也说：『且待女孩儿到来，慢慢地与他从长计议，有何不可？』

根据这些记载，后来便引出了『从长计议』。

以身试法

【成语释义】

表示明知法律禁止，还亲身去做犯法的事。

【典故出处】

《汉书·王尊传》。

【成语故事】

西汉时，有一位廉洁奉公的官员王尊。王尊从小父亲去世，由他的伯父抚养长大。伯父家里比较贫穷，王尊每天要赶羊群到野外去放牧。这孩子最爱读书，放牧时总要带些书阅读。渐渐地，他对书上提到的那些秉公执法的官吏十分崇敬，希望自己将来也成为这样的人物。

一天，他央求伯父为他在郡的监狱里谋一份差使。这时王尊才十三岁，伯父听后惊讶地说：『你还是个孩子啊，又不懂刑律，怎么能到监狱去做事呢？』王尊说：『孩儿已从书中见到过很多。以后再跟狱长多学学，不就行了吗？』伯父经不住王尊一再央求，便备了礼托人找狱长说情。狱长便把王尊当听差留在身旁使唤。王尊当了几年听差，经常接触刑狱方面的事务，长进很快。

一次，他随狱长去太守府办事，被太守看中，便这被留在府中做文书方面的事。又过了几年，王尊辞去职务，攻读儒家经典，之后又被任用。由于他执法严正，逐步提升，当上了县令，后来又升为安定郡太守。

当时，安定郡官场非常混乱，一些官员利用权势作威作福，鱼肉百姓，王尊一到那里，立即整顿吏治，并晓示属县所有官吏忠于职守，以身作则，为下属做出榜样。法律无情，不要用自己去尝试法律。郡里有个属官心狠手辣，搜刮大量民脂民膏，民愤极大，告示贴出后不见改悔，于是王尊把他捉拿归案。这贪官入狱后，没几天就一病身亡了。接着，王尊又惩办了一批罪行严重而又没有悔改的豪强。这样一来，安定郡开始太平起来。

以暴易暴

【成语释义】

以强暴对付强暴。

【典故出处】

《史记·伯夷列传》。

【成语故事】

殷商时代孤竹国国君的第三个儿子叔齐，按国君的遗嘱，在孤竹君死后可以继任。可是他不肯即位，他说：『按规矩，君位应由长子继承。』长子伯夷也不同意，说：『应当服从父亲的遗命。』俩人相互推让，没完没了。伯夷索性逃走，叔齐见伯夷逃走，也跟着出走。后来，就由孤竹君的第二个儿子继任了国君。

伯夷、叔齐兄弟俩当时也都上了年纪，有人因为他俩相亲相让、不争富贵，称颂其为贤人、君子。他俩听说『西伯』（西方诸侯之长，即周文王）敬老，便去投奔。不料到达周都城丰邑（今陕西户县东）时，周文王刚死，文王的儿子武王，正在积极准备讨伐商纣王。伯夷、叔齐极为不满，认为商纣王是天子，周是诸侯国，起兵讨伐，即是背叛。而且文王刚死，一不安葬，二不守墓，却妄动干戈，是『不忠不孝，大逆不道』。

在周武王出兵那一天，满城百姓热烈欢送军队东下，而伯夷、叔齐却当街拦住周武王的车马，破口大骂。若非军师姜太公劝阻，老兄弟俩差点儿被武王的卫士杀了。

周武王的部队军容整肃，军纪严明，受到百姓拥护。失去人心的商纣王无法改变失败的命运，牧野一战，纣王的兵士纷纷倒戈，京城朝歌被攻破，纣王自杀，商朝从此灭亡。（参看『爱屋及乌』）

这时，伯夷和叔齐仍把周武王所发动的战争，看作是叛逆行为。他们不愿住在周朝的京城中，便隐居到城南的首阳山里；也不愿吃周朝的饭，便在山里采些野菜充饥。后来饿死在首阳山，临死前他们时常唱歌：『登彼西山兮，采其薇兮。以暴易暴兮，不知其非矣……』

以卵击石

【成语释义】

用鸡蛋砸石头。比喻强弱悬殊，以极弱攻极强，必然失败。原为『以卵投石』。

【典故出处】

《墨子·贵义》。

【成语故事】

有一年，墨子到齐国去，途中遇见一个叫『日』的人。他对墨子说：『您不能往北走啊。』墨子说：『我不相信你的话！』说完，他继续朝北走去。但不久，他又回来了。因为北边的淄水泛滥，无法渡过河去。『曰』得意地对墨子说：『怎么样？我说你不能往北走嘛！遇到麻烦了吧？』

墨子微微一笑，说：『淄水泛滥，南北两方的行人全都受阻隔。行人中有皮肤黑的，也有皮肤白的，怎么都过不去呀？』

曰听后支吾着说不出话来。

墨子接着说道：『假如天帝在东方杀了青龙，在南方杀了赤龙，在西方杀了白龙，再在中央杀了黄龙，岂不是让天下的人都动弹不得了吗？所以，你的谎言是抵挡不过我的道理的，就像拿鸡蛋去碰石头，把普天下的鸡蛋全碰光了，石头还是毁坏不了。』

曰听了，羞愧地走了。

以貌取人

【成语释义】

根据外貌来判断人的品质才能。以：根据。貌：外貌。取：衡量。

【典故出处】

《史记·仲尼弟子列传》。

【成语故事】

孔子有一个弟子叫宰予，能说会道，利口善辩。他开始给孔子的印象不错，但后来渐渐地露出了本相：

既无仁德又十分懒惰，大白天不读书听讲，躺在床上睡大觉。为此，孔子骂他是『朽木不可雕』。

子羽，鲁国人，也是孔子的弟子之一，比孔子小三十九岁。子羽的体态和相貌很丑陋，想要侍奉孔子。孔子开始认为他资质低下，不会成才。但他从师学习后，回去就致力于修身实践，处事光明正大，不走邪路；不是为了公事，从不去会见公卿大夫。后来，子羽游历到长江，跟随他的弟子有三百人，声誉很高，各诸侯国都传诵他的名字。

孔在评论这件事时说：『我只凭言辞判断人品质能力的好坏，结果对宰予的判断就错了，我只凭相貌判断人品质能力的好坏，结果对子羽的判断又错了。』

文质彬彬

【成语释义】

比喻举止文雅，态度从容不迫。文：文采；质：实质；彬彬：形容质朴和文采配合适当的样子。

【典故出处】

《论语·雍也篇》。

【成语故事】

有一次，孔子给弟子们讲到怎样才算是一个『君子』时，说：『质胜文则野，文胜质则史。文质彬彬，然后君子。』意思是：光有朴实的品格，不注重文采，就会过于粗野；光讲文采，缺乏朴实的品格，就又会不免虚浮。朴实和文采要配合适当，一个人既有朴实的品格，又有好的礼节仪表，才可以称为有修养的君子。这样就可以表现一个人既很有学问，又很有风度，做起事来从容不迫，有条不紊，在行动上也很谨慎。

乌合之众

【成语释义】

像乌鸦一样聚集的一群人。比喻没有组织，像一群暂时聚合的乌鸦。

【典故出处】

《管子》。

【成语故事】

西汉末年，篡夺皇位的王莽被打败后，刘玄称帝。扶风茂陵（今陕西省）人耿弇随其父耿况投奔了刘玄。没过多久，邯郸人王郎自称汉成帝之子刘子与，在西汉宗室刘休和大富豪李育等的支持下，自立为帝，建都邯郸。

这时，耿弇手下的孙仓、卫包便劝耿弇投归刘子与（王郎）。耿弇闻听大怒，按剑说道：『刘子与这个反贼，我和他势不两立！等我到长安请皇上调动渔阳、上谷的兵马，从太原、代郡出击，来回几十天，便能以轻骑兵袭击那些乌合之众，势如摧枯拉朽，定能获胜。谁不识大局，去投奔那些反贼，定遭灭族杀身之祸！』

长驱直入

【成语释义】

形容以不可阻挡之势快速前进；也用来比喻进军很顺利。驱：策马前进；直入：不停顿地前进。

【典故出处】

汉末曹操《劳徐晃令》。

【成语故事】

公元219年（汉献帝建安二十四年），曹操把战略目标指向了荆州。这时，曹仁正在这一带与蜀国大将关羽作战。关羽的军队包围了襄阳，曹仁牢牢守住樊城。七月，曹操派于禁率军去增援曹仁。此时正值汉水猛涨，关羽就乘机水淹曹军，生擒了于禁。但曹仁仍坚守樊城，等待援军。在这紧急时刻，曹操亲临摩陂指挥作战，他派部将徐晃带领援军先接近樊城。徐晃为避开关羽的锋芒，便在阳陵陂这个地方停了下来，待机而动。徐晃一面派人与曹仁联系，一面又带兵到部分蜀军屯兵的郾城，佯装挖掘陷坑，表示要截断郾城退路。蜀军中计，慌忙撤出了郾城。徐晃乘机进驻郾城，形成两面联营，紧逼关羽的外围。这时曹操又派来十二营援军，徐晃便指挥军队，声东击西，迷惑蜀军，发起猛攻。徐晃一马当先，冲进了蜀军对曹仁的包围圈中。这个包围圈虽然里外十重，又布满了陷坑和鹿砦，但阻挡不住曹军的冲杀。蜀军大败，纷纷逃窜。关羽被迫败走麦城，不久便为吴军所杀。襄、樊之围解除了，捷报传来，曹操高兴极了，就派人给徐晃送去亲笔慰劳信。信中赞扬徐晃说：『吾用兵三十余年，及所闻古之善用兵者，未有长驱径入敌围者也。』意思是：根据我用兵三十多年的经历，以及我所知道的古代善于用兵打仗的人当中，还没有一个像你那样，跃马加鞭长距离地快速前进，冲入敌人重围之中，连斩敌将，大获全胜的。

当徐晃率军回到临近襄、樊的摩陂那天，曹操又亲自去迎接，并在城里大摆酒宴犒劳全体将士。

根据这个故事，后来人们把『未有长驱径入敌围者也』这句话，简化引申为『长驱直入』。

升堂入室

【成语释义】

赞扬在学问或技能方面有高深的造诣。升：登上；堂、室：古代宫室前为堂，后为室。

【典故出处】

《论语·先进》。

【成语故事】

仲由子，是孔子的学生，又称子路。子路这个人性格刚强，不盲从，经常提出问题跟孔子辩论。有一天，他在孔子的家里拨弄一种古时叫瑟（sè）的弦琴乐器。他弹的调子同自己的性格一样，充满着杀声似的。这对一向主张『仁』和『中庸』的孔子来说，一听到这声音，就烦躁，便不高兴地说他：『干吗要在我家里弹呢？』这话一传开，大家就认为老师已批评子路弹得不好了，就在背后议论子路，并对他不尊重，于是孔子向他们解释说：『由也，升堂矣，未入于室也。』意思是：子路弹琴已经入门了，只是还没有达到最高的境地。

后来，人们就把这句话简化成『升堂入室』。

无功受禄

【成语释义】

指没有功劳而得到优厚的待遇。

【典故出处】

《左传》。

【成语故事】

战国时期，赵国凭借武力不断侵犯楚国。此时楚国人杜赫来见怀王，声言他能说服赵国跟楚国和好。楚怀王非常高兴，准备把杜赫封为五大夫，然后派他前往赵国。

大臣陈轸知道了这件事，向楚王献计说：『假如杜赫不能完成跟赵国通好的使命，大王授给他五大夫的爵位，这岂不是无功受禄了吗？』楚怀王听陈轸说得有理，便问：『那你说该如何办？』陈轸说：『大王最好以十辆兵车，派杜赫去赵国，等他完成了使命，封为五大夫。』楚怀王采纳了陈轸的计策，用十辆兵车送杜赫去赵国。杜赫见楚怀王不提封爵之事，十分生气，干脆拒绝出使赵国。于是陈轸向楚王说：『杜赫不接受出使赵国的使命，这正表明他心怀鬼胎，他的目的是想骗取爵位，现在见大王不给爵位，他就干脆不去了。』

无可奈何

【成语释义】

心中不乐意，但却毫无办法。奈何：怎样，如何。

【典故出处】

《史记·酷吏列传》。

【成语故事】

汉武帝不断地对外进行扩张，对百姓强征暴敛，百姓怨声载道，苦不堪言。尤其是广大农民，到了忍无可忍的地步，他们纷纷举行起义，起义队伍大的数千人，小的几百人，自立旗号，攻打城池，夺取武库，释放死囚，杀官员，在乡里抢劫富豪，救济贫民，响应者不计其数。起义震惊了当时的皇帝和朝中大臣，他们都很害怕，急忙调兵遣将，派重兵前去武力镇压。然而，起义的队伍却越战越勇，有不可阻挡之势。

皇帝和大臣们恐慌了，只得调集了更多的军队，执行残酷的杀戮政策，一下子杀了一万多人，还杀了给起义军运送粮食的几千人。这样，几年后才捕获了一些起义军首领。但是，那些被打散的起义军，又重新聚集起来，占领山岭和水乡，使水陆交通阻塞，他们往往成帮结伙地袭击官军，闹得声势很大，统治者心中既恨又怕，但又对起义军毫无办法。

于是朝廷制定了《沈命法》，规定：对于成伙的盗贼没有发觉的，或者已经发觉应捕获而没有捕获的官吏，凡年俸禄在二千石以下的主要责任者，一律处死。打这以后，小官吏怕杀头，虽有农民起义者也不敢揭发，怕揭发了抓不住人，自己触法并牵连郡太守，而郡太守也不愿意他们揭发，致使农民起义军队伍越来越壮大。

天作之合

【成语释义】

泛用以天赐良缘，祝颂婚事美满。作：为；合：配偶。

【典故出处】

《诗经·大雅·大明》。

【成语故事】

商朝末年，纣王荒淫暴虐，周武王联合西部八个诸侯起兵伐纣，在牧野决战中，一举灭掉了商朝，建立了周朝，都镐京，史称西周。西周初年，贵族统治者便把上面这桩盛事记叙下来，以垂戒后代。便创作产生了周部族史诗之一的《大明》。全诗八章共五十八句。诗的第一章综述了周朝统治者的天命观：天命无常，维德者是助；第二章写武王的祖父母积有功德，才生下文王姬昌；第三章写文王施德政，四方归服；第四、五、六章补叙文王得天赐配偶，生下武王，受命伐纣；第七、八章叙述了牧野决战的场面及经过。

诗的第四章是：

天监在下，有命既集。文王初载，天作之合。在洽之阳，在渭之涘。文王嘉止，大邦有子。

监：视；有命：指天意所属；集：归；初载：初年；洽：古河名，发源于陕西合阳县北，东南流入黄河；阳：河流北岸为阳，指洽水之北；渭：渭河，在今甘肃省境内；涘（sì）：水边；大邦：大国，指莘（shēn）国，在今陕西韩城、合阳县东南；子：女子。

这章诗的大意是：主宰世事的上天，其意已归于文王。在文王即位的初年，上天又为他选定了佳偶。这就是在洽水河的北岸，渭水边上的一个大国的美貌女子。

天诛地灭

【成语释义】

比喻为天地所不容许而该被毁灭。诛（zhū）：杀掉有罪的人。

【典故出处】

《看山阁闲笔》。

【成语故事】

旧时有这么一个县令，他要去某地上任，为了表白自己能秉公办事，清廉正直，就亲自写了一副对联，上联是：『得一文，天诛地灭』；下联是：『徇一情，男盗女娼』。然后再请来工匠，用好木头制成一副烫金的誓联，一到任就亲手把它悬挂在衙门两边，作为自己给当地百姓的见面礼。

誓联挂出去后，百姓们都争着来看，大家高兴地说：『这下可好啦，总算盼来了个清官。』可是谁也没想到，这个县太爷上任没多久，上衙门行私贿赂的人，却有增无减，终日不断，凡是金银绢帛，不论是多是少，统统照收不误；豪绅恶棍欺压百姓，犯下了罪，要他徇私枉法，他也无不一一照办。这样一来，他把这个地方搞得更加民不聊生，怨声载道。这时，有的人实在看不下去了，就去找他说：『老爷你怎么忘了自己挂的誓联了？』这位县令满不在乎，得意洋洋地说：『吾志不失。所得非一文，所徇非一情也。』意思是：我立下的誓言，怎能不照着去做呢？你不见，我所得哪里只有一文钱，我所徇的私情又哪止一件呢？

猛然间，百姓们才醒悟过来，他明明是贪赃枉法成癖，却硬要厚颜无耻、赌咒发誓地标榜自己清廉公正，这才真该天诛地灭。

天经地义

【成语释义】

比喻正确、不可改变的，因而也不容置疑的道理。经：指常规，原则。义：指正理，准则。

【典故出处】

《左传·昭公二十五年》。

【成语故事】

周景王姬贵死后，按习俗应由他正夫人所生的世子姬敬继位。但是，景王生前曾与大夫宾商讨过，打算立非正夫人所生的长子姬朝为世子。这样，姬朝也有资格继位。于是，周王室暴发了激烈的王位之争。

为此，晋国的晋顷公召集各诸侯国的代表在黑壤盟，商讨如何使王室安宁。参加商讨的有晋国的赵鞅、郑国的游吉、宋国的乐大心等。

会上，晋国的赵鞅向郑国的游吉请教什么叫『礼』。游吉回答说：『我国的子产大夫在世时曾经说过，礼就是天之经，地之义，也就是老天规定的原则，大地施行的正理！它是百姓行动的依据，不能改变，也不容怀疑。』

赵鞅对游吉的回答很满意，表示一定要牢记这个道理。其他诸侯国的代表听了，也大都认为有理。

接着，赵鞅提出各诸侯国应全力支持敬王，为他提供兵卒、粮草，并且帮助他把王室迁出城。

后来，晋国的大夫率领各诸侯国的军队，帮助敬王恢复王位，结束了周王室的王位之争。

天罗地网

【成语释义】

天空、地面遍张罗网。比喻包围得非常严密，无处可逃。罗：捕鸟的网。

【典故出处】

元代李寿卿的杂剧《伍员吹箫》。

【成语故事】

楚平王身旁有个很会拍马的人，名叫费无极。一次，他奉命到秦国去给太子华建迎接新娘，见新娘非常美丽，便怂恿平王把她留作自己的妃子。昏庸好色的平王居然照办。这件事传开后，成为一大丑闻。

太子华建的老师伍奢，是个刚正不阿的大臣。费无极生怕他今后帮助太子惩罚自己，便怂恿平王诱杀了他及其长子。这样做还不够，费无极又怂恿平王把太子华建送到城外去把守边疆。后来仍不放心，又派人去杀害他。

公子华建得到风声，连夜逃跑。他知道伍奢的次子伍员在樊城镇守，便赶到那里，告诉了他父兄被杀的情况，并说费无极已派他的儿子费得雄即将赶到樊城来骗你回去，然后杀掉。

伍员听到这些消息，大骂费无极心狠，平王无道，决定采取适当措施对付赶来的费得雄。

过了几天，费得雄果然来到樊城。见了伍员后，他谎称平王因伍员屡立战功，要重加赏赐，请伍员立刻启程回朝，接受赏赐。

伍员故意问道：『我已半年未曾回朝，不知我家父兄等是否安康？』

费得雄装模作样地说：『你们伍家好生兴旺，有哪家比得上？』

伍员听了勃然大怒，一把抓住费得雄的衣襟，痛斥道：『你们这伙坏蛋，把我全家杀绝，还无耻说我伍家兴旺。』费得雄以为伍员不可能知道这件事的详情，便要求伍员举出证人。伍员愤怒地说：『如果不是公子华建来到这里说明内情，道破你这个坏蛋的谎言，我险些被你骗进天罗地网！』费得雄这才无话可说。

伍员痛打了他一顿，弃官而走。

后来他来到吴国，打扮成一个要饭的，在热闹的街市上吹箫唱曲，终于被吴王请去，当了吴国的大夫，促使吴国战胜楚国，为父兄报了仇。

天花乱坠

【成语释义】

从天空飘落许多花朵。比喻说话很好听或不切实际，亦比喻用甜言蜜语骗人。原作『天华乱坠』。

坠：落。

【典故出处】

《景德传灯录·令遵禅师》。

【成语故事】

根据《景德传灯录·令遵禅师》的记载：梁武帝时，云光法师讲解佛经，讲得非常生动、虔诚，感动了神灵，香花纷纷从天空中落下来。

这段话的原文是：『聚徒一千二千，说法如云如雨，听得天华乱坠，只成个邪说争竟是非，去佛法大远。』

天涯海角

【成语释义】

比喻极其遥远的地方。

【典故出处】

唐代韩愈《祭十二郎文》。

【成语故事】

唐代文学家韩愈两岁时父亲就去世了，不久他的母亲又死去。幼时依靠他哥哥韩会和嫂嫂郑夫人过活。

韩会有一个嗣子（愈次兄介之子，出继与长兄会为嗣）叫老成，排行十二，所以小名叫十二郎，年纪比韩愈小一点。韩会四十二岁的时候，因宰相元载的事，被贬为韶州刺史，不到几个月就病死在韶州了，这时韩愈只有十一岁，十二郎也很小。韩愈虽然有三个哥哥（会、弇、介），但都很早离开了人世。这时，家族的后代，只有韩愈和他的侄子十二郎两个人，伶仃孤苦，没有一天分离过。

韩愈十九岁时自宜城前往京城，在以后的十年中，只和十二郎见过三次面。当他正打算西归和十二郎永远生活在一起的时候，不幸十二郎就在这时死去了。韩愈知道了，悲痛欲绝，写了一篇《祭十二郎文》，叫建中备了一些时下的物品从老远的地方去祭奠他。这篇祭文，一字一泪，读来令人心酸。祭文中有『一在天之涯，一在地之角』的句子，后人便把它引申成天涯海角，用来比喻极其遥远的地方。

天翻地覆

【成语释义】

比喻变化的深刻，巨大，难以预料。

【典故出处】

唐代刘商拟作《胡笳十八拍》。

【成语故事】

《胡笳十八拍》的原作，为蔡文姬所写。蔡文姬名琰（yǎn），字文姬，东汉末年，陈留围（今河南杞县）人。其父左中郎将蔡邕（yōng），是汉末的著名学者，以文章驰名于世。文姬自幼聪颖，博学多才，精通音律。在董卓之乱中，匈奴入侵，公元196年为匈奴人虏获，做了左贤王的王后，在匈奴留居十二年，生了二子。直到中原地区为曹操统一后，公元208年曹操派人才把她接回。蔡琰在匈奴十二年，饱尝艰辛，她怀念祖国，思念亲人，曾作了《胡笳十八拍》来倾诉自己思亲思国的感情。后来，刘商拟作的《胡笳十八拍》对蔡文姬嫁到匈奴后的遭遇和心情也作了描写。其中有这样两句诗：

天翻地覆谁得知，如今正南看北斗。

诗的意思是：蔡文姬到匈奴后，一切都发生了巨大的变化，好像天地都倒了个个儿，连北斗星都转到南面去了。

根据这两句诗，后来便引出了『天翻地覆』。

天衣无缝

【成语释义】

比喻做事情没有一点破绽，完美无缺，没有任何痕迹；也用来比喻文章写得精妙，毫无斧凿雕饰可寻。

【典故出处】

前蜀牛峤《灵怪录·郭翰》。

【成语故事】

《灵怪录》里载有这样一个神话故事，有一个叫郭翰（hàn）的人，在夏天的一个月夜里，躺在庭中仰视天空乘凉消暑。忽然，看见天空中有一个女子正迎着他飘然而下。她对郭翰说：『我是织女。』郭翰『徐视其衣并无缝，翰问之，曰：「天衣本非针线为也」』。意思是：郭翰仔细地打量面前的织女，看她穿的衣服没有缝纫的缝痕，就奇怪地问她那漂亮的衣裳，怎么没有针线缝过的痕迹？织女回答说：『天仙穿的衣裳本来就不是用针线缝的。』

根据这个故事，就引出了『天衣无缝』。

天荒地老

【成语释义】

比喻经过的时间很久很久。

【典故出处】

唐代李贺《致酒行》诗。

【成语故事】

中唐时期，有一位以乐府诗歌为时人注目的少年诗人。他就是河南府福昌（今河南宜阳）人李贺。他虽属皇室后裔，但支系很远，父亲李晋肃只做过边疆小吏，而且早死，家境相当贫苦。李贺二十岁那年参加河南府试，成绩突出，去长安参加进士考试。但是到京城之后，在那污浊、黑暗的旧时代，他的才能却被一些人所嫉妒，有人借口说他的父亲名叫晋肃，『晋』与进士的『进』同音，他应为父名避讳，被取消了考试资格。就这样，李贺放弃了求官的念头。一生郁郁不得志，死时年仅二十七岁。

李贺一生虽短暂，但写出了不少反映当时社会现实的优秀诗篇。在他现存的二百多篇诗歌中，有揭露封建统治者荒淫无耻的，也有抨击官吏弄权作恶的，有同情劳动人民疾苦的，也有借题发国家兴亡之感的。然而，更多的则是表现自己怀才不遇的悲愤，和积极进取不向世俗妥协的斗争精神。

唐宪宗元和初年，李贺去京都长安准备应试，遭到别人借口避父亲名讳，不能参加考试的打击之后，他异常苦闷和激愤，贫困潦倒地住在客店之中。客店的主人，就用两个先贫困而后青云直上的历史人物，来鼓励他要振作起来。一个是西汉人主父偃（yǎn），在武帝元光元年（公元前134年）为求取功名来到长安，旅费花光了，也不被任用。后来他通过大将军卫青直接上疏汉武帝，建议削弱各诸侯的势力，加强中央集权，为汉武帝所采纳，被授官郎中，后又在一年之中连升四次。另一个就是唐太宗时的马周，家贫好学，到长安求官，经过新丰（今陕西临潼新丰镇），住在客店里，店主人看不起这个穷书生，对他很不礼貌。后来，马周到长安后，投奔中郎将常何。贞观五年（631年），唐太宗诏令百官上疏，陈述政治上的得失。马周为常何代笔上疏唐太宗言政二十余事，被太宗重用，官至监察御史。针对这些情况，李贺就写下了《致酒行》这首诗，一面发泄自己的苦闷和愤慨，一面又明确表示了自己的志气：宁可受贫困，也绝不苟且屈膝地求荣。

全诗共十二句：

零落栖迟一杯酒，主人奉觞客长寿。

主父西游困不归，家人折断门前柳。

吾闻马周昔作新丰客，天荒地老无人识。

空将笺上两行书，直犯龙颜请恩泽。

我有迷魂招不得，雄鸡一声天下白。

少年心事当拿云，谁念幽寒坐呜呃。

零落：穷困潦倒；栖：居住；迟：止息；栖迟：居留异乡；奉觞（shāng）：举杯敬酒；主父：即主父偃；困不归：穷得不能回家；直犯龙颜：直接向皇帝进言；迷魂：迷失了灵魂；招不得：招不回来；心事：指志向，理想；拿云：高举的意思；幽寒：孤独贫寒；呜呃（è）：悲叹声。

这几句诗的大意是：在我潦倒异乡的时候，好心的主人却请我喝酒，举起酒杯为我祝福。他告诉我，西汉有个做了郎中的主父偃，早年也曾在长安贫得回不了家，家里的人一年又一年地盼他回来都落了空。还有个在唐太宗时做监察御史的马周，也曾在新丰受人奚落，他的才能很长时间没有人赏识。你可不能因为一时的潦倒就灰心啦，雄鸡一声高唱，总有光明的时候。年轻人应胸怀凌云壮志，谁会怜惜你只是悲伤叹息，虚度青春。

后来，人们把『天荒地老无人识』简化为『天荒地老』。

天伦之乐

【成语释义】

比喻父子、兄弟等亲属团聚的欢乐。

【典故出处】

唐代李白《春夜宴从弟桃花园序》。

【成语故事】

在《春夜宴从弟桃花园序》一诗中，李白以豪放、潇洒的笔调，生动地记叙了与众位兄弟春夜聚会、饮酒赋诗的情景。李白在叙述饮酒赋诗的情景、赞美诸弟的才华时，写道：

会桃李之芳园，序天伦之乐事。群季俊秀，皆为惠连。吾人咏歌，独惭康乐。幽赏未已，高谈转清。开琼筵以坐花，飞羽觞而醉月。不有佳作，何伸雅怀？

序：这里指叙谈的意思；天伦：旧时指父子和兄弟等亲属关系，这里指兄弟关系；惠连：即南朝的谢惠连，十岁能诗文，是当时著名诗人谢灵运的族弟，时人称之为『大小谢』；康乐：即谢灵运，袭封康乐公；琼筵：豪华的酒宴；羽觞：古代的一种酒杯。

这段话的意思是：如今我与诸兄弟聚会在桃李芬芳的花园里，畅叙着天伦的乐事。众位兄弟堪称俊秀，都有南朝文学家谢惠连之才华。大家吟诗作歌，只有我无谢灵运之才而感到羞愧。幽静地欣赏着春夜的景色，欢乐未已，又转而开始了清雅纵情的叙谈。面前摆着豪华的酒宴，坐在鲜花丛中，杯盏交错，开怀痛饮而醉倒在月光之下。这时，要是没有美好的诗篇，哪能抒发这高雅的情怀呢？

后来，『序天伦之乐事』被引申为『天伦之乐』。